La nature du mal

Christian Lehmann

La nature du mal

Médium poche
l'école des loisirs
11, rue de Sèvres, Paris 6e

Loi n° 49.956 du 16 juillet 1949 sur les publications destinées à la jeunesse : mars 1998
Dépôt légal : mai 2015

Imprimé en France par Gibert-Clarey-Imprimeurs
37170 Chambray-Lès-Tours

ISBN 978-2-211-22268-6

À Baptiste

À la mémoire de Marise Rohan

Les rumeurs les plus inquiétantes couraient sur Juan de La Peña, et lorsque je le vis pour la première fois, cette nuit étouffante de juillet, s'avancer sur l'embarcadère du port de San Felicio, je ne pus réprimer un frisson. Il marchait comme un automate, claudiquant sur le ponton, et s'arrêta dans le halo d'un réverbère, rejetant la tête en arrière comme pour défier le ciel, ou lire un message dans les nuages qui masquaient un instant la lune. Il me rappela furieusement l'affiche de *L'Exorciste*, de William Friedkin, que j'avais tenté de copier pour mon second film avant d'y renoncer.

Depuis plusieurs semaines déjà, j'avais tenté de me familiariser avec l'homme, avec ses méthodes, en prévision de notre rencontre. Des méthodes… le mot même faisait sourire. De La Peña avait semble-t-il mené la révolution, au côté d'El Jefe, l'actuel président de la République, sans autre stratégie que celle de la terreur. On racontait à son sujet des anecdotes effrayantes, sans qu'aucune preuve pût en être apportée. Faute de témoins.

C'était cet homme, réputé pour sa violence, sa cruauté, qu'Amnesty International m'avait demandé de rencontrer, de jauger, qui sait… de convaincre. Et malgré mes craintes, malgré mon dégoût de tout ce que représentait ce militaire, j'avais accepté. Par conviction… Du moins est-ce ainsi que l'avaient présenté les attachés de presse de mon producteur aux journalistes narquois qui flairaient là le coup médiatique. Le meurtre d'un policier dans les circonstances exactes d'une scène-culte de mon premier film, survenant quelques semaines à peine après l'échec du second, avait déclenché une véritable curée. Ma tête s'était retrouvée, une nouvelle fois, placardée à la une des newsmagazines. Mais cette fois-ci, cela s'apparentait plus à une mise à prix. J'avais refusé de répondre à la moindre interview, d'affronter la meute. Didier m'avait sauvé la mise, laissant filtrer la nouvelle de mon départ pour San Felicio, au service d'Amnesty. Il avait même menti pour me couvrir, trafiquant quelques documents qui lui avaient été confiés en fin d'année dernière pour étayer l'idée que ce voyage était prévu de longue date, et ne se résumait en aucun cas à une manœuvre destinée à sauver la face. La haine qui s'était déchaînée contre moi avait perdu un peu de sa vigueur, mais ne demandait qu'à renaître. Je savais, confusément, qu'il me fallait rapporter quelque chose de mon voyage. Un film, un entretien, une promesse, n'importe quoi…

Quelques semaines plus tôt, j'avais attendu dans un café en face du cinéma tandis que Samia prenait place dans la file d'attente. Il était 13 heures 30, et d'emblée je pressentis que nous allions au désastre. Sans rien en dire à Samia, j'avais choisi d'arriver avec quarante minutes d'avance sur l'horaire de la première séance, au cas où l'engouement du public pour mon premier film nous réserverait de bonnes surprises. Sans trop m'y arrêter, j'avais imaginé la veille au soir, avant de m'endormir auprès d'elle dans sa petite chambre de bonne, que Samia et moi risquions de débarquer au milieu d'une foule en délire, prenant d'assaut le Gaumont Marignan comme au bon vieux temps de la première de *Harry Potter* ou du *Seigneur des Anneaux*. Le triomphe de mon premier film, *État d'urgence*, avait pris tout le monde au dépourvu, moi y compris. Mais depuis deux ans, j'avais eu le temps de m'habituer au succès, de le considérer comme une chose acquise. J'avais connu la folie des tournées en province, le festival de Cannes, où j'avais raté la Palme d'un cheveu, pour être ensuite couronné à Berlin de l'Ours d'or. Ensuite le contrat de distribution aux États-Unis dans un circuit indépendant, la réussite là-bas aussi, et un périple à travers les States qui s'était terminé comme dans mes rêves de gosse, au bord de la piscine de Steven. Oui, j'avais pris cette mauvaise habitude-là aussi, cette manie branchée de faire référence négligemment, par leur simple prénom, à toutes les célébrités que j'avais rencontrées comme si nous étions des amis de très longue date, quand souvent nous ne faisions que nous croiser dans des restaurants surcotés pour nous promettre de déjeuner ensemble prochainement, entre deux baisers dans le vide et deux sonneries de portable.

Vers 14 heures, la file d'attente se mit en mouvement, et Samia, qui s'était apprêtée à livrer bataille au milieu d'une cohue dantesque, se vit délivrer deux tickets en moins de cinq minutes. J'avais compté moins de cinquante entrées pour cette première, dans l'un des plus grands cinémas d'exclusivité de la capitale. Je savais que certains remettaient en cause les chiffres, énonçaient un tas d'exceptions à la règle d'or, mais je n'étais pas dupe. Tous les producteurs savent que le succès d'un film se joue lors de cette première séance. À 15 heures, chaque mercredi, les chiffres de Paris et de sa périphérie sont connus de tous, et la vie ultérieure du film, hormis quelques exceptions, se décide là. C'était le bide, un bide retentissant. Avec le recul, je sais maintenant que j'aurais dû m'y attendre, qu'une part de moi l'avait sans doute précipité. Mais sur le coup, ce mercredi d'avril, avec le soleil de printemps perçant sur les Champs-Élysées, j'aurais voulu être loin, très loin. J'ai traversé la rue en espérant presque être renversé par une voiture, histoire de ne pas avoir à affronter les heures à venir. Samia faisait les cent pas dans le hall du Gaumont, visiblement mal à l'aise. Elle me tendit mon billet, hasarda un sourire. Je lui emboîtai le pas, la suivis dans la pénombre de la salle où passait maintenant la bande-annonce du prochain Gad Elmaleh. J'avais voulu cette épreuve, je me l'étais infligée en imaginant que tout se passerait autrement, que je serais obligé de pénétrer dans la salle au dernier moment, incognito, pour échapper à mes fans en délire. Au lieu de quoi je m'enfonçai dans un fauteuil des premiers rangs, Samia fidèlement vissée à mon côté, en priant pour que personne ne me reconnaisse.

Les critiques s'en étaient donné à cœur joie pour me descendre en flammes, et le public ne les avait pas démentis.

« Pour qui se prend Andrieu ? » avait titré Roussille, un critique influent du *Figaro*. « N'est pas Costa-Gavras qui veut. Son premier film avait surpris par le ton, la force qui se dégageait des personnages principaux. On avait pardonné, sans doute trop vite, les approximations, le manichéisme des situations, mettant ces défauts au compte du jeune âge du réalisateur. Il faut dire que le sujet, la violence dans nos cités urbaines, avait enthousiasmé les plus jeunes, et réveillé chez les bourgeois le délicieux frisson de la peur. Une peur d'autant plus confortable qu'Andrieu, beau gosse né à Neuilly, élevé au collège Stanislas, n'avait opposé que des revendications de principe à la récupération de son film. Lorsqu'on prétend être le porte-parole du malaise des banlieues, lorsqu'on s'érige en symbole de la légitime colère du peuple, selon une phraséologie aussi douteuse que surannée, on n'accepte pas dans le même temps de décliner le fruit de sa création artistique en autant de produits dérivés : nous avons eu droit aux tee-shirts, aux montres, aux casquettes siglées, et sur chacune de ces opérations de marketing éhonté, monsieur Andrieu, le Che Guevara de Villetaneuse, touchait de somptueuses royalties... Il s'en est fallu de peu, avec le succès de son film aux États-Unis, que nous ne retrouvions les personnages iconoclastes de son film, ces quatre petits tueurs de flic bornés, sous forme de marionnettes animées dans les menus *Happy Meal* de chez McDonald's. Mais, Andrieu nous le prouve avec son second film, la lucidité n'étouffe pas nos nouveaux révolutionnaires. Après avoir sacralisé la violence de la rue, l'enfant prodige du cinéma français, muni des millions de son producteur complaisant, s'attaque aux méfaits de la télévision, pourvoyeuse d'une violence aussi virtuelle qu'abrutissante ! Sujet bateau s'il en est, cheval de bataille poussif mille fois enfourché par des contestataires de tout poil ! Mais rarement avec une telle complaisance, une telle ignominie. Entraînant dans ce désastre ses comédiens, dont le grand Cerianeau, qui incarne ici un criminel de la vieille école, un *gentleman serial killer* tout prêt à inculquer à la jeune génération son savoir-faire. C'est pitoyable, risible, c'est même carrément obscène. Pour mieux "dénoncer" les méfaits de la violence à l'écran, Andrieu nous conte par le menu le massacre méthodique d'un couple de retraités – sans oublier leur chien – par deux adolescents qu'il ne nous sera pas permis de qualifier de sociopathes car Andrieu refuse de s'embarrasser de concepts aussi bourgeois et bassement explicatifs que la psychologie. La souffrance physique et morale est ici soigneusement mise en scène pour révulser le spectateur captif. Croyant traiter de l'abjection alors qu'il la secrète, Andrieu joue la distanciation pour mieux tromper la critique. C'est ainsi que les criminels s'adressent en aparté à la caméra, c'est ainsi que toute tentative des victimes pour échapper à leur sort est anéantie d'un coup de retour en arrière rapide. Comme chez le Marquis de Sade, les tueurs, entre deux sévices, soliloquent sur la virtualité, afin de donner à cet exercice de filmage immonde une aura de respectabilité. Reste qu'au final, malgré ces dénégations de moraliste prétendant "faire réfléchir" sur la violence au cinéma, Andrieu brutalise ses spectateurs comme ses tueurs à l'écran, avec un raffinement précieux, s'acharnent sur leurs proies. On sait que chez les tueurs en série, plus que le sexe, c'est le sentiment de domination, de contrôle, de pouvoir absolu, qui prime. Andrieu refuse toute ingérence de la psychiatrie dans son film, parce que celle-ci permettrait de faire le parallèle entre sa propre jouissance et celle des bourreaux, réels et virtuels. La seule façon, décisive, d'échapper à son emprise de grand malade, consiste à passer son chemin.

Ce n'est pas un film, c'est un traquenard. Prétextant faire œuvre de salubrité morale, Andrieu repousse les limites de l'immonde, versant le sang humain comme si c'était de l'eau. Rarement on aura dû supporter au cinéma une telle complaisance dans la description de la violence extrême, sous prétexte de la dénoncer. On atteint des sommets quand, au détour d'un cadrage mal foutu dont il semble avoir le secret, Andrieu nous déguise carrément Cerianeau en l'affublant d'une queue pointue de diablotin de Grand-Guignol. Ce n'est plus du cinéma, c'est un manga pour adolescents attardés. Avant de traiter de sujets aussi graves que la mort ou l'inexpiable cruauté du genre humain, encore faut-il comprendre quelque chose à la nature du mal que l'on prétend dénoncer. Or, visiblement, Andrieu ne comprend rien à la nature humaine, à ses méandres, à ses tourments.

Derrière l'apparente modernité, le spectateur, écœuré, ébahi, découvre un esprit borné, manichéen, aussi primaire que celui des paumés de banlieue qui s'étaient reconnus dans son premier film. »

Roussille, ce vieillard réac, omettait de préciser que, deux mois plus tôt, lors de la cérémonie de remise des César, je l'avais giflé pour avoir accusé un de mes meilleurs amis, signataire d'une pétition pour la régularisation des immigrés sans papiers, de faire sa publicité sur le dos de la misère humaine. Didier venait de recevoir le César du meilleur court-métrage documentaire pour un treize-minutes sur la guerre civile que se livraient les intégristes islamistes et le pouvoir militaire en Égypte. J'étais arrivé à la cérémonie à la dernière minute, sortant directement de la salle de montage de *Jeux de mort*, et la violence de ma réaction envers le critique du *Figaro* fut sans doute due en partie au fait que, dans l'instant, je pris conscience que mon film était un désastre.

Le treize-minutes de Didier réussissait, sans effet, sans réelle construction narrative, à rendre tangible, oppressante, la présence du mal, quand toute mon énergie, toute la trame de mon scénario, les hectolitres de sang que j'avais déversés sur mes acteurs et mes objectifs pendant les seize semaines du tournage ne réussissaient qu'à rendre plus confus mon propos. Roussille, ce salaud, avait raison. Je ne savais pas de quoi je parlais. Lorsque cela devint évident, lorsque le film, sorti en exclusivité dans dix-sept salles la première semaine en région parisienne, se ramassa pour se retrouver diffusé dans quatre salles la deuxième semaine, puis fut retiré de l'affiche au bout d'un mois d'exploitation avec trente-deux mille entrées sur Paris, il arriva ce que j'avais redouté depuis le début. Le succès d'*État d'urgence* avait dépassé mes espoirs les plus fous, m'ouvrant l'accès de tous les plateaux télé, me propulsant en couverture d'une foultitude de magazines, du *Nouvel Obs* à *GQ*. Une part de moi aurait voulu que cela dure toujours, une autre savait que cela s'arrêterait un jour, que la moindre erreur me révélerait foireux, has been, ridicule. Déjà, les jeunes des cités, que j'avais fait tourner dans mon premier film, m'accusaient de les avoir lâchés, d'avoir profité d'eux pour me hisser au sommet, de ne pas leur renvoyer l'ascenseur. Mais qu'espéraient-ils ? C'était mon film, mon succès, comme l'échec de *Jeux de mort* fut mon échec personnel, pas celui de mon producteur, ni de Cerianeau, qui continuait à faire rire les foules à « Nulle part ailleurs » et dans les talk-shows pour ménagères de moins de cinquante ans chargées des achats domestiques en baissant subitement son pantalon sur des jambes maigrelettes et en surjouant une folie qui n'avait rien de factice.

Peut-être même avais-je désiré cet échec, peut-être l'avais-je façonné de toutes pièces, en prenant soin de m'attarder à l'écran sur une violence insoutenable pour mieux dégoûter mon public. C'était probablement, inconsciemment, une manière d'expier le succès d'*État d'urgence*, que j'avais conçu comme un film rien de moins que révolutionnaire, et que journalistes, intellectuels, bourgeois et politiques avaient accueilli à bras ouverts, porté au pinacle, et digéré sans heurts.

Le téléphone resta muet pendant plusieurs semaines. Je laissai des messages à la boîte de production, à des journalistes amis, sans jamais qu'on me rappelle. Quand enfin la sonnerie retentit, c'était Didier. Il m'avait pris sous sa coupe sur le tournage d'un de ses films, où je servais de porte-sandwich à l'équipe technique, courant de-ci de-là pour remplacer au dernier moment un accessoire brisé pendant une répétition ou dénicher une prescription de complément vitaminé pour l'un des acteurs qui, brutalement, ne se sentait plus assez en forme pour tourner. Didier avait remarqué mon intérêt pour le travail de mise en scène, avait pris plaisir à me questionner sur l'histoire du cinéma, l'une des rares matières, malheureusement très mal cotées au bac, que je maîtrisais parfaitement. À dix-huit ans, je pouvais décliner la filmographie complète de seconds rôles américains inconnus du grand public, ou réciter sans hésitation la plupart des meilleures scènes des films de Capra et d'Orson Welles, avec l'accent.

Sur son film suivant, Didier m'avait intégré à l'équipe de préparation, et m'avait patiemment appris, par l'exemple, en quoi consistait le travail de réalisateur. Je lui devais beaucoup, mais il avait la grâce de ne jamais y faire allusion, les rares fois où il avait besoin de mon aide. Ce jour-là, il désirait savoir si je m'associais à une pétition demandant la libération d'un cinéaste chinois emprisonné quelques mois plus tôt. Machinalement, je répondis :

– Oui, bien sûr, tu peux mettre mon nom, pour ce qu'il vaut.

– Allez, Stéphane, ne le prends pas comme ça. C'est juste un mauvais passage. Tu feras un carton avec ton prochain film…

– Mon prochain film ? Quel prochain film ? Mon producteur ne m'appelle plus. Je n'ose même plus laisser de messages à sa secrétaire, et elle n'arrive plus à rendre convaincantes ses promesses de me rappeler dès que possible… Non, cette fois, c'est le trou. J'ai perdu toute crédibilité avec ce film, c'est le grand sommeil pour moi. Avec un peu de chance, dans un ou deux ans, on m'autorisera à approcher une caméra à nouveau et on me confiera la réalisation de « L'amour est dans le pré ».

– Il faudrait que tu te changes les idées, que tu quittes Paris. Que tu surprennes les médias. Que tu sois là où on ne t'attend pas. Tu ne veux pas me remplacer ? Tu te débrouilles en espagnol ? Je devais tourner un autre court-métrage sur les droits de l'homme pour Arte, en Amérique latine. Mais j'ai eu une proposition de Canal, et je ne peux pas refuser. Ça ne te dirait pas d'aller faire des repérages au pays du prolétariat triomphant ?

– Qu'est-ce que tu veux que je foute à Cuba ?

– Pas Cuba. San Felicio… Il paraît qu'il s'en passe de belles là-bas, même après le changement de régime…

J'avais écouté patiemment ce que me racontait Didier, qui semblait connaître son sujet par cœur. J'aimais ce côté revendicatif chez lui, même si je l'avais maintes fois charrié sur ses tendances soixante-huitardes attardées. Mais je n'avais aucune intention de partir à l'autre bout du monde pour me refaire une santé médiatique. J'avais remercié Didier d'avoir pensé à moi, j'avais inventé une excuse, j'avais promis de le rappeler sans faute, ce qui était une façon polie de dire qu'il ferait mieux de trouver quelqu'un d'autre. J'avais raccroché, tenté de joindre Samia. Elle devait être au lycée. Machinalement, j'avais allumé la télévision. C'était le journal de 13 heures, sur TF1. Le présentateur, avec un air accablé, débitait des lieux communs affligeants... « La violence de nos cités... la démission des adultes... une responsabilité accablante... la dérive de nos élites... » Je coupai le son pour mieux le voir s'égosiller en silence. Un sourire méprisant éclaira mon visage, comme chaque fois que ce type envahissait l'écran. Je m'étais servi de lui, et de deux ou trois autres de ses confrères les plus puants, pour concevoir un des personnages clefs de *Jeux de mort*. Tout en lui me répugnait : son aspect physique, son obséquiosité vis-à-vis des puissants, et ce constant mélange des genres qui l'autorisait à vilipender les atteintes à sa vie privée quand il se livrait régulièrement dans la presse people et dans de courts romans narcissiques à des introspections minables qu'il aurait dû réserver à son psy. Puis une photographie de moi apparut en arrière-plan, tandis que le présentateur hochait gravement la tête, dévoilant ses implants. J'appuyai maladroitement sur la télécommande, éteignis la télévision au lieu de monter le son. Je répétai la manœuvre, et crus d'abord que je m'étais trompé de chaîne. Une vieille femme, soutenue par deux policiers, s'effondrait en sanglots dans un terrain vague. Une main vint se plaquer contre la caméra, repoussa l'objectif. « Ça ne vous suffit pas ? » demanda une voix tendue de femme, entre le désespoir et la haine. Le cameraman recula de quelques pas. Le visage d'une jeune femme apparut, maculé de larmes. Le relief cruel du terrain vague lui faisait comme un écrin. Elle était belle, bouleversante dans sa souffrance nue. Ç'aurait pu être une passionaria, une révolutionnaire d'un pays du tiers-monde hurlant sa rancœur. N'était son uniforme bleu nuit de flic. Sans transition, un extrait de mon premier film apparut à l'écran. René, Kamel et Momo, après avoir assommé un policier municipal qui leur cherchait noise sur un terrain vague, s'amusaient à l'asperger d'alcool et jouaient à chercher du feu dans leurs poches.

« Oh attends, qu'est-ce que tu me racontes que tu fumes plus ? Tu m'as regardé ? Y a pas écrit connard, là… »

Tchatchant pour masquer son désarroi, Momo venait de sortir un briquet à essence de la poche arrière de son jean. Une feinte de Kamel, un faux mouvement un peu alcoolisé, et la caméra suivait l'arc de cercle du briquet allumé virevoltant dans la nuit, tombant sur le sol. Avant que les cris du policier ne trouent le silence, avant même que les premières flammes ne jaillissent, le présentateur réapparut, son visage grave barré d'une moue affligée :

« La similitude entre l'acte horrible perpétré cette nuit par un groupe de jeunes délinquants et la scène de vengeance complaisamment dépeinte dans le film de Stéphane Andrieu, film dont on se souvient qu'il rencontra un réel succès au box-office malgré l'opposition des syndicats de policiers en tenue, amène à poser la question de la responsabilité de l'artiste dans… »

Je n'écoutai plus. Le téléphone sonnait. J'éteignis la télévision, saisis le combiné. Une voix de femme. Un instant, je crus que c'était Samia, mais non :

« Andrieu ? Céline Duhamel, du *Parisien*. Je voudrais connaître votre réaction après le meurtre de ce policier à Marseille la nuit dernière… »

Je raccrochai sans répondre, le cœur au bord des lèvres. Une moto, puis une deuxième, s'arrêtèrent dans la rue devant l'immeuble. Je jetai un œil rapide autour de moi, saisis mon blouson, ma carte bleue. Tandis qu'ils gravissaient l'escalier, appareils photo et magnétophones en bandoulière, je filai par l'escalier de service en pianotant le numéro de Didier sur mon portable.

Chaque nuit, d'après nos informateurs, c'était le même manège. Une voiture blindée, décorée des armoiries présidentielles, s'arrêtait devant le ponton réservé aux bâtiments militaires. Le colonel de La Peña s'en extrayait, montait à bord d'un simple canot à moteur et, sans aucun homme d'équipage à bord, levait l'ancre en direction de l'imposante silhouette de Castel Morro, au centre de la baie. Nul ne pouvait prévoir son retour. Il arrivait que le canot revienne au port au bout d'une demi-heure. Parfois, au contraire, le colonel ne retournait à terre qu'aux aurores.

Les rumeurs les plus inquiétantes couraient sur Juan de La Peña, et lorsque je le vis pour la première fois, cette nuit étouffante de juillet, s'avancer sur l'embarcadère du port de San Felicio, je ne pus réprimer un frisson. Il marchait comme un automate, claudiquant sur le ponton, et s'arrêta dans le halo d'un réverbère, rejetant la tête en arrière comme pour défier le ciel, ou lire un message dans les nuages qui masquaient un instant la lune. Il me rappela furieusement l'affiche de *L'Exorciste*, de Friedkin, que j'avais tenté de copier pour mon second film avant d'y renoncer.

Depuis plusieurs semaines déjà, j'avais tenté de me familiariser avec l'homme, avec ses méthodes, en prévision de notre rencontre. Des méthodes... le mot même faisait sourire. De La Peña avait semble-t-il mené la révolution, au côté d'El Jefe, l'actuel président de la République, sans autre stratégie que celle de la terreur. On racontait à son sujet des anecdotes effrayantes, sans qu'aucune preuve pût en être apportée. Faute de témoins. On le disait brutal, sanguinaire, obsédé jusqu'à la folie par la conquête du pouvoir. C'était aussi, au dire même de certains de ses ennemis politiques, un homme courageux, qui, lors de la prise du palais du gouverneur Marquès, cinq ans auparavant, n'avait pas hésité à se jeter seul sous le feu d'une mitrailleuse lourde pour ouvrir le chemin à ses troupes.

Pourquoi El Jefe l'avait-il nommé au ministère de l'Intérieur ? Nul ne le savait avec certitude. Une fois arrivé au pouvoir, le Chef, comme son surnom l'indiquait, s'était coulé sans difficulté dans le moule de son prédécesseur. Remisant la rhétorique marxiste au rayon des accessoires, il avait signé des contrats mirifiques avec les représentants de multinationales, leur garantissant l'exploitation des ressources minières du pays. El Jefe avait quitté les treillis militaires, les kalachnikovs, pour endosser l'uniforme du chef de gouvernement qu'il avait toujours secrètement rêvé d'être. Les trafics les plus voyants avaient été assainis, pour satisfaire la soif de justice du peuple, mais l'essentiel des malversations financières et économiques qui avaient toujours infesté l'île s'était perpétué, utilisant simplement des filières moins visibles. Comme le gouverneur Marquès avant lui, El Jefe avait ouvert un compte en Suisse, qu'il approvisionnait réguliérement des dividendes de fructueux trafics d'armes et de drogues diverses. Dans le même temps, après une amélioration très passagère, le pays avait recommencé à manquer de vivres, de médicaments, tandis que le moindre voleur à l'étalage était condamné à de lourdes peines de prison. Officiellement, au pays de la révolution populaire triomphante, l'homme de la rue ne manquait de rien. Le vol, la mendicité n'étaient plus seulement des délits, mais des affronts à la révolution, voire des pratiques réactionnaires, antidémocratiques. Aussi, chaque semaine, la police raflait-elle dans les rues des grandes villes les gueux, les fous, les *gaminès*, pour les regrouper dans des camps de réadaptation.

Depuis deux ans déjà, cette tactique avait porté ses fruits, et l'île était redevenue une destination touristique recherchée. El Jefe avait multiplié les signes de pacification vis-à-vis des pays occidentaux, tout en maintenant vivante la dialectique révolutionnaire en direction du peuple. De tous ses conseillers, de tous ses ministres, un seul avait enfreint la règle d'or d'El Jefe, qui consistait maintenant, une fois arrivé au pouvoir, à ne rien faire qui pût fâcher les investisseurs, en particulier les investisseurs américains. On racontait, mais le fait n'était pas corroboré, que, lors d'une garden-party donnée par la présidence à l'automne dernier, le colonel de La Peña avait violemment agressé un membre d'une ambassade étrangère, apparemment un attaché américain. Selon divers témoignages de seconde main, le colonel, probablement ivre, aurait fouetté le visage de sa victime à coups de ceinturon, avant de le forcer à s'agenouiller. Puis, avant d'être maîtrisé par la garde présidentielle, il aurait dégainé son pistolet d'ordonnance et l'aurait fourré dans la bouche de l'attaché d'ambassade. L'affaire avait fait grand bruit et, d'après nos informateurs, était remontée jusqu'à la Maison-Blanche. On racontait encore que le sort du colonel de La Peña avait été évoqué en haut lieu, et que le président des États-Unis avait discrètement fait pression sur les contacts commerciaux d'El Jefe pour que celui-ci mît fin, avec extrême préjudice, selon le jargon en vogue, à la carrière du ministre de l'Intérieur. Pour des raisons que nul ne connaissait, El Jefe avait refusé, choisissant de protéger le colonel de La Peña. Celui-ci, cependant, avait depuis lors été contraint d'adopter un profil bas, et n'avait plus jamais été invité aux cérémonies officielles, ce dont, semble-t-il, il n'avait cure.

C'était cet homme, donc, cet homme imprévisible, réputé pour sa violence, sa cruauté, qu'Amnesty International m'avait demandé de rencontrer, de jauger, qui sait… de convaincre. Et malgré mes craintes, malgré mon dégoût de tout ce que représentait ce militaire, j'avais accepté. Par conviction… Du moins est-ce ainsi que l'avaient présenté les attachés de presse de mon producteur aux journalistes narquois qui flairaient là le coup médiatique. Le meurtre de ce policier, survenant quelques semaines à peine après l'échec de mon second film, avait déclenché une véritable curée. Ma tête s'était retrouvée, une nouvelle fois, placardée à la une des newsmagazines. Mais cette fois-ci, cela s'apparentait plus à une mise à prix. J'avais refusé de répondre à la moindre interview, d'affronter la meute. Didier m'avait sauvé la mise, laissant filtrer la nouvelle de mon départ pour San Felicio, au service d'Amnesty. Il avait même menti pour me couvrir, trafiquant quelques documents qui lui avaient été confiés en fin d'année dernière pour étayer l'idée que ce voyage était prévu de longue date, et ne se résumait en aucun cas à une manœuvre destinée à sauver la face. La haine qui s'était déchaînée contre moi avait perdu un peu de sa vigueur, mais ne demandait qu'à renaître. Je savais, confusément, qu'il me fallait rapporter quelque chose de mon voyage. Un film, un entretien, une promesse, n'importe quoi…

Il s'en passait de belles, effectivement, à San Felicio, mais rien qui puisse faire l'objet d'un reportage. Hormis ces rumeurs au sujet de Castel Morro. Des rumeurs aussi fantasmatiques qu'insistantes. Personne n'avait rien vu, mais tous, du pêcheur reprisant ses filets dans le port jusqu'à la jeune guide qui vendait ses charmes aux touristes américains pour quelques dollars, de la vieille bigote momifiée sur le pas de sa porte au tireur de pousse-pousse, tous avaient une histoire d'horreur à raconter sur Castel Morro, et sur son responsable, le colonel de La Peña. Chaque nouvelle anecdote attisait mon malaise, et ma convoitise.

– Ainsi vous avez fait tout le chemin depuis Paris uniquement pour me voir ?

J'acquiesçai en silence. À ma grande surprise, le visage du colonel de La Peña s'éclaira d'un sourire.

– Je suis troublé, monsieur Andrieu, de voir qu'il existe encore des hommes tels que vous…

Je le dévisageai, prêt à une remarque acerbe, une diatribe cynique. Au lieu de quoi le colonel reposa sa tête sur le dossier de son fauteuil en bois sculpté, comme pris d'une fatigue subite, ferma les yeux, et émit un soupir presque inaudible. De profil, il avait l'air d'un enfant trop vite vieilli, dans un costume militaire trop grand pour lui. Il était à peine plus âgé que moi. J'avais du mal à imaginer que l'homme maigre, fragile, qui m'avait accueilli en s'appuyant sur une béquille métallique pouvait être le colonel de La Peña dont parlaient les articles de journaux que j'avais patiemment lus et relus avant de me décider à accepter cette mission. Que ce vieillard de vingt-quatre ans pouvait être l'un des acteurs de la révolution qui, cinq ans auparavant, avait secoué le pays, mettant à bas une dictature militaire fasciste pour la remplacer… par quoi ? C'était une partie de la réponse que j'étais venu chercher…

Le silence dura quelques minutes. N'y tenant plus, je pris le risque de l'aiguillonner à nouveau :

– Je dois avouer, colonel, que vos propos m'étonnent. À moins que nos informateurs ne se soient trompés…

– Non, monsieur Andrieu, non… Vos informations sont exactes. Les informations que diffuse Amnesty International sont toujours exactes, quoi qu'en disent les gouvernants… Sans doute vous attendiez-vous simplement à rencontrer un autre type d'homme… mais ne vous méprenez pas. Je suis bien le détenteur des clefs de Castel

Morro. Depuis quatre années bientôt... quatre longues années.

– C'est donc bien à vous que je dois m'adresser, continuai-je en extrayant de mon porte-documents une liasse de photocopies, fruit de six mois de campagne de pétitions à travers plusieurs pays occidentaux.

De La Peña agita les doigts de sa main droite en signe de dénégation, sans quitter sa pose curieusement alanguie au fond de son grand fauteuil.

– Vos documents n'y changeront rien, monsieur Andrieu. Je suis sincèrement désolé que vous ayez fait ce long voyage depuis Paris pour rien, car malgré l'estime que je vous porte...

Je l'interrompis sèchement, plus pour le forcer à réagir que par réelle colère :

– Je n'ai que faire de votre estime, pas plus que de votre sincérité. Ne jouons pas avec les mots, colonel. L'estime que vous dites me porter ne change rien à la nature de ma mission. Je ne suis pas un de ces attachés d'ambassade vite satisfait de déclarations de principe, mais un cinéaste, mandaté par une chaîne de télévision européenne au service de la plus grande organisation de défense des droits de l'homme... C'est à ce titre que je viens exiger l'accès à Castel Morro, et la liberté d'y filmer les conditions de détention de vos prisonniers politiques.

– Exiger... ?

Juan de La Peña détourna son regard vers la fenêtre entrouverte.

La nuit était tombée. De l'autre côté de la baie, la silhouette sinistre de Castel Morro se découpait sur le ciel nuageux, imposante, irréelle.

Trois étages plus bas, dans les rues et sur les places publiques, la fête battait son plein. Des hommes en habit de couleur, des femmes fières de leur beauté, des enfants costumés, dansaient au rythme du carnaval. Le son des guitares déchirait la nuit, montant des *cantinas*, mêlé au crépitement des feux d'artifice.

Me frayant un chemin parmi cette foule joyeuse deux heures plus tôt, en route vers les appartements privés du colonel de La Peña, j'avais eu quelques difficultés à garder en tête le motif de ma visite. Mais les rapports de nos contacts parmi l'opposition parlementaire étaient formels, et lorsque, traversant une *plaza*, l'ombre de Castel Morro m'apparut au-dessus des eaux tranquilles de la baie, je ne pus réprimer un frisson, où se mêlaient la peur et l'excitation. Si j'avais finalement accepté la proposition de Didier, c'était au moins autant pour me remettre en selle aux yeux de mon producteur et des journalistes que parce que j'y avais vu l'occasion, enfin, d'y croiser un homme de pouvoir, un bourreau. Connaître, enfin, la nature du mal.

– Des informations, monsieur Andrieu…

De La Peña fit pivoter son fauteuil dans ma direction, s'arrachant à la contemplation de Castel Morro :

– Un proverbe anglais, je crois, dit qu'il faut se méfier de nos désirs, car ils sont un jour ou l'autre exaucés… Êtes-vous certain de désirer réellement ces informations sur Castel Morro ?

Les mots eux-mêmes auraient pu sembler menaçants, mais le ton était doux, comme empreint de tristesse.

– Ne vous méprenez pas, monsieur Andrieu. Je ne cherche pas à vous effrayer. Je pose simplement la question : voulez-vous vraiment savoir ?… Je sais, je suppose que cela n'est pas votre première mission.

Je ne le détrompai pas.

– Que si votre organisation vous a envoyé ici, malgré votre jeune âge, c'est sans doute en raison de succès antérieurs. J'imagine que vous avez vu beaucoup de choses, que vous possédez une vaste connaissance des méandres de l'esprit humain, de ses capacités à faire le mal… Mais si je vous préviens dès maintenant que, quels que soient vos arguments, quels que soient les moyens de pression politique dont vous puissiez disposer, je ne changerai pas de décision au sujet de Castel Morro…

– Vous avez eu le mérite de la clarté, colonel. Permettez-moi de faire de même. Au nom de l'organisation que je représente officiellement, et au nom des gouvernements anglais, français et américain qui se sont joints à notre démarche… et au nom, si ce n'est pas suffisant, de la simple humanité – le mot était pompeux, certes, mais le simple fait de le prononcer, ici, loin des salons parisiens où l'on eût pu sonder ma sincérité, fit trembler ma voix d'émotion, et je vis les lèvres de mon interlocuteur se plisser en un rictus indéchiffrable, de douleur ?... de mépris ?... –, je ne sortirai pas d'ici tant que vous ne m'aurez pas dit exactement ce qui se passe à Castel Morro, et pourquoi, malgré les promesses répétées de votre gouvernement, l'endroit n'est pas encore abandonné.

Le silence s'éternisa. De La Peña semblait me jauger.

En bas, des enfants couraient dans la rue, insouciants, imitant les courses de vachettes de leurs aînés.

– Souvenez-vous, monsieur Andrieu, que j'ai tenté de vous en dissuader. Il y a certaines choses qu'il vaut mieux pouvoir ignorer...

Je balayai sa phrase d'un geste de la main.

– J'avais quatorze ans. En tout cas, c'est ce qu'indiquent les registres de l'orphelinat où j'avais été placé avec ma sœur. De nos parents, elle ne parlait pas, et je n'ai jamais retrouvé nulle trace… Ils font partie, comme des milliers d'autres, des *desaparecidos* des années 1990, dont parfois, lors de la construction d'une autoroute ou d'un aéroport, les pelleteuses mettent au jour les ossements, sans qu'aucune identification fiable ne soit plus possible.

Nous vivions à une vingtaine dans une aile désaffectée du bâtiment, et nous nous débrouillions pour survivre depuis deux ans, depuis que le directeur et tous les membres de l'administration avaient déserté l'orphelinat, le gouvernement ayant cessé de payer leurs salaires. Nous vivotions dans cette colonie de gosses abandonnés à eux-mêmes, tolérés par la police militaire tant que nous ne pénétrions pas dans le centre-ville, tant que nous n'allions pas rôder la nuit autour des casinos ou des deux ou trois grands hôtels de luxe qui abritaient les touristes étrangers. Nous chapardions de quoi manger, volant dans les bidonvilles des environs, vivant en parasites sur un monde d'oubliés et de forçats à peine moins pauvres que nous. Clara, ma grande sœur, ne se mêlait pas à ces vols. Elle disait que nous nous comportions comme des cannibales, que nous nous trompions de cible. Elle avait dix-sept ans. Je n'avais jamais voulu savoir comment elle rapportait de la nourriture et des cigarettes pour nous tous.

Un soir de juillet comme celui-ci, continua de La Peña, les militaires firent irruption dans l'orphelinat, brisant portes et fenêtres, nous jetant à bas de nos paillasses pour les retourner. La veille, poussé à un pari stupide par deux complices, j'avais commis l'irréparable. Passant outre à l'accord tacite qui nous tolérait hors du centre-ville, j'avais pénétré dans le jardin privé d'un hôtel dans le but d'y subtiliser le portefeuille de quelque touriste. Comment vous faire comprendre ce que je ressentis ce soir-là, lorsque, après avoir escaladé le grillage d'enceinte, après avoir rampé de bosquet en bosquet, je découvris, derrière une haie de conifères, la piscine de l'hôtel ? Le soleil déclinait dans le ciel. C'était vers la fin de l'après-midi. L'ombre des arbres commençait à s'étendre sur la pelouse, sur les chaises longues en teck disposées çà et là autour du plan d'eau. Je ne savais pas que de tels lieux existaient. Je n'avais jamais imaginé pouvoir y accéder. Bien sûr, j'avais vu des piscines, des hôtels de luxe, mais toujours par l'intermédiaire du petit écran, des *telenovelas* brésiliennes ou des sitcoms américaines dont nous étions quotidiennement abreuvés. Pour moi, ces lieux n'avaient pas plus de réalité que les stations spatiales à l'intérieur desquelles Monsieur Spock repoussait des invasions extra-terrestres par la seule force de sa logique, pas plus de matérialité que l'infini désert ocre dans lequel Will Coyote galopait sans espoir derrière Bip Bip le *road runner.*

La pelouse était verte, d'un vert que je n'avais jamais vu ailleurs que dans les dessins animés. Un tourniquet d'arrosage déversait par intervalles un jet de gouttelettes qui retombaient en autant de cristaux aux couleurs de l'arc-en-ciel. Je restai immobile un long moment, laissant monter en moi l'odeur enivrante de l'herbe fraîchement coupée, laissant le jet d'eau caresser ma peau mate de crasse séchée. Au centre de cet espace de fraîcheur, la piscine elle-même miroitait au soleil. Un couple d'une soixantaine d'années, aux cheveux blanc argenté, nageait en échangeant quelques plaisanteries sereines. Je me contentais de les regarder, de les envier, de les admirer, alors que j'aurais pu, j'aurais dû sans doute, me glisser dans l'herbe jusqu'à la table basse sur laquelle ils s'étaient négligemment délestés de leurs bijoux, montres et autres cartes bancaires. Mais le charme de l'endroit était tel que je n'en fis rien. Ils étaient vieux, certes. Lorsqu'ils sortirent de l'eau, je vis la peau du ventre de l'homme pendre par-dessus le bord de son maillot, je vis les bras trop maigres de sa femme, ses cuisses veinées de bleu. Mais dans l'eau, ils étaient magnifiques d'aisance, de grâce, et plutôt qu'à un riche couple de vieillards américains fortunés, ils me faisaient penser à Adam et Ève tels que nous les décrivait Clara lorsqu'elle s'entichait de catéchisme. J'attendis donc la fin de leur baignade, pris d'une grande tendresse pour eux, qui sans le savoir m'offraient une rare vision du paradis. Lorsqu'enfin ils sortirent de l'eau, le soleil déclinait à l'horizon. La piscine s'illumina par en dessous. Je me pinçai les lèvres pour ne pas laisser échapper un son. La femme plaisanta, remarqua qu'il était vraiment tard pour des gens de leur âge, et son mari, par jeu, fit mine de l'empoigner pour lui forcer un baiser. Ils rirent, ramassèrent leurs affaires. La femme passa une main couverte de bagues dans ses cheveux. Un instant, l'idée me vint, absurde, de me lever, de me redresser brusquement, maculé de terre, ruisselant d'eau, et de marcher vers eux. Je ne dirais rien, même pas les phrases stéréotypées que Clara nous avait enseignées au cas où nous croiserions un touriste : « *I am an orphan. Please a dollar to eat tonight. Food for my baby brother.* »

Non. Je me serais dressé, muet, leur laissant le temps, passé la surprise, de s'acclimater à ma présence, de m'approcher. La femme aurait fait une remarque sur mon jeune âge, sur mes yeux, bleus sous la crasse. Elle aurait cherché dans son sac quelque chose à manger, sans succès. C'étaient des gens riches, et les gens riches savent qu'ils trouveront toujours quelque chose à se mettre sous la dent, ils n'ont aucun besoin d'emplir leurs poches de restes et de croûtons. Elle aurait parlé à son mari à voix basse et, me prenant par la main, ils m'auraient amené dans leur chambre pour me faire prendre une douche avant de me ramener en Amérique, dans leur pays, où je leur aurais servi de fils.

Je n'osai pas me lever. Ils partirent.

La nuit était tombée maintenant, sans doute avais-je perdu connaissance dans l'herbe, à force de rester allongé immobile, le ventre creux. Je me relevai péniblement. Mes articulations protestèrent. L'herbe même semblait m'agripper. Je marchai jusqu'au bord de la piscine. On n'entendait rien, que le bruit des rares voitures sur la grand-route en contrebas, et le vrombissement sourd d'un générateur. La piscine était masquée par des arbres, afin d'assurer aux nageurs un maximum de discrétion. Je jetai un œil alentour, ne vis personne. De quelques-unes des terrasses encore allumées aux étages les plus élevés de l'hôtel, un touriste noctambule aurait pu m'apercevoir, mais rien là-haut ne bougeait. Tout semblait dormir. N'y tenant plus, je me défis de mes vêtements et, après un dernier regard vers le ciel, me laissai glisser dans l'eau.

J'aimais nager, mais je n'avais connu que les rives boueuses du fleuve, lors des crues, et quelques plages trop rocailleuses pour être aménagées. Rien de comparable à cette eau limpide, rafraîchissante, dans laquelle je m'ébattais bientôt comme un dauphin, ayant oublié toute forme de prudence.

L'homme happa ma cheville sous l'eau. Je fus saisi de panique, me retins de crier, me débattis pour lui faire face. Il sourit, porta un doigt à ses lèvres.

Je cessai de lutter, et il relâcha son étreinte, s'adressant à moi dans un espagnol parfait :

– Je t'ai aperçu de la terrasse. Tu devrais faire attention. Si les vigiles te découvrent…

– J'allais partir, dis-je.

Ma réponse idiote amplifia son sourire.

Il nagea en direction du bord, s'assit en lotus à proximité de mon tas de vêtements et tamponna son torse avec une serviette moelleuse. Il était grand, très beau, comme une statue. Lorsque je sortis de l'eau à mon tour, il me tendit sa serviette. Je fis quelques pas vers lui, et, comme par jeu, il retira son bras :

– Tu as besoin d'une bonne douche…

– Non, ce n'est pas la peine. Je vais m'en aller.

– Pas si vite, dit-il, et je vis qu'il tenait mes vêtements dans sa main droite.

J'aurais pu m'enfuir. Dans le noir, il n'aurait pas pu me retrouver, et n'aurait sans doute pas osé crier pour appeler les vigiles. Mais quelle chance avais-je de traverser toute la ville jusqu'à l'orphelinat, nu comme un ver, sans être repéré ? Il souriait toujours, et malgré le soupçon de cruauté dans ce petit jeu du chat et de la souris, je réussis à me convaincre que mieux valait patienter, attendre qu'il se lasse et me laisse partir. Il se leva, me jetant enfin la serviette sans se dessaisir de mes vêtements. Je le suivis sans rien dire, à distance. Il pénétra dans l'hôtel par un couloir désert. Nous passâmes devant des portes closes aux noms étranges : Sauna, Spa, Pédicure… Quand nous fûmes dans sa chambre, il fit couler un bain, gardant toujours mes vêtements en main.

– Quel âge as-tu ?

– Seize ans, répondis-je, mentant par réflexe, comme me l'avait enseigné Clara.

L'homme secoua la tête, agacé, et quelque chose passa dans ses yeux.

– Si tu y tiens… Je vais voir si j'ai des vêtements pour toi.

Il quitta la salle de bains pour fouiller ses valises, et j'en profitai pour me glisser dans l'eau, à l'abri de la mousse qu'il avait généreusement versée au fond de la baignoire.

Il revint, posa sur le rebord du lavabo un tee-shirt coloré, un short en jean. Il appuya du pied sur la pédale d'une poubelle en inox, y jeta mes vêtements. Je voulus protester, mais n'en fis rien. Je n'avais plus qu'une envie : m'habiller et m'en aller.

– Tiens, dit-il en me jetant une brosse à dents neuve dans son étui de plastique et un tube de dentifrice.

Je les saisis, dévissai le tube et commençai à me brosser les dents comme je l'avais vu faire dans les publicités, en étalant la pâte, grasse comme du fromage blanc, sur les poils lisses.

L'homme sourit, hocha la tête d'un air approbateur :

– Tu prends bien soin de tes dents, n'est-ce pas ? C'est la première chose que je remarque chez un garçon. C'est très important, tu sais, d'avoir une bonne hygiène, d'autant qu'à voir tes guenilles, tu ne dois pas souvent dormir dans un vrai lit, n'est-ce pas ?

Je frottais de plus belle, ne sachant que répondre.

– C'est bien, tu peux sortir maintenant.

Il posa une serviette sur le rebord de la baignoire. Je la saisis pour m'en ceindre.

– Alors, comme ça, tu as seize ans ?

Je ne répondis pas, confus d'avoir menti, ne comprenant pas ce qu'il attendait de moi.

– Je t'ai choisi un tee-shirt quatorze ans. Ça me semble plus adapté à ta taille. Qu'en penses-tu ?

C'était un tee-shirt noir, zébré d'éclairs et d'étoiles dorées entourant l'effigie de Dark Vador, le grand méchant de *La Guerre des étoiles*. L'impression était de médiocre qualité, et je compris plus tard que le tee-shirt était une copie, imprimée à Taiwan, mais sur le moment, je n'eus d'yeux que pour ce cadeau inespéré, venu en droite ligne des États-Unis, et dont j'imaginais qu'il rehausserait mon prestige et ma renommée dans le cercle des enfants de l'orphelinat.

L'homme dut voir mes yeux s'agrandir. Il hocha la tête, satisfait, et dit :

– Je suis content qu'il te plaise. Mais il va falloir le mériter.

Il tira sur ma serviette, en gardant le sourire, comme par jeu. Déséquilibré, je tentai de résister, glissai dans ses bras.

– Tu n'es pas très solide pour un gaillard de seize ans, n'est-ce pas ?

– Laissez-moi. Je veux partir. Je veux partir !

Je criai. Il me gifla, sèchement.

– Pas de scandale. Nous sommes dans un hôtel ici, pas dans une décharge !

Il avait parlé d'un ton ferme, comme agacé par tant de stupidité de ma part. La référence à la décharge municipale me rappela les injonctions de Clara. De nombreux gamins s'y rendaient chaque jour, en fin d'après-midi, quand le camion-poubelle qui faisait la tournée des ambassades venait vider ses déchets sur la montagne fumante de la décharge. Clara nous avait interdit de nous livrer à ce petit jeu, préférant nous trouver à manger par d'autres moyens. Lorsque je l'avais questionnée, elle m'avait répondu, sèchement, que le camion-poubelle était souvent suivi par deux ou trois voitures de maître, dans lesquelles des touristes en goguette ou des membres des délégations étrangères venaient faire leur marché.

« Mais que veux-tu qu'ils viennent chercher à la décharge ? avais-je demandé.

– Ce qu'ils n'ont pas.

– Ce qu'ils n'ont pas ? Mais c'est idiot ! Ils ont tout.

– Ils viennent chercher notre jeunesse », avait-elle répondu.

Je portai la main à ma joue, pour y calmer la cuisante douleur de la gifle. Mon bienfaiteur intercepta mon geste, saisissant mon poignet sans violence, mais avec fermeté.

– Tu as eu mal, parce que tu n'as pas été obéissant. Laisse. Un baiser et ça ira mieux.

Il me serra contre lui, m'embrassa sur la joue, caressa mes cheveux. Je tentai de lui échapper, de m'enfuir. Mais j'étais nu, désorienté, terrifié. Il me poussait inexorablement vers le lit, son visage toujours collé au mien. Lorsque je voulus ouvrir la bouche pour le supplier d'arrêter, sa langue s'engouffra entre mes lèvres, comme une limace tiède au goût de tabac.

Un feu d'artifice siffla sur la place en contrebas, embrasa le ciel au-dessus de la baie. De La Peña se tut. Son visage était impassible. Depuis le début de son récit, j'avais été tiraillé entre des sentiments contradictoires. D'abord méfiant, incrédule, je m'étais insensiblement laissé happer par le rythme de la narration. Cette courte interruption me permit de reprendre mes esprits, de raffermir ma résolution. Je devais rester sur mes gardes, éviter de me laisser aller à l'émotion : il tentait, c'était évident, de me manipuler. Mais dans quel but ?

– J'ai volé sa montre, poursuivit-il.

Je souris intérieurement, satisfait d'avoir vu clair dans son jeu : tout était trop parfait, trop léché dans sa narration. Jusqu'à cet effet d'ellipse si habilement maîtrisé pour laisser planer le doute sur ce qu'il prétendait avoir subi. De La Peña était un bourreau, me répétai-je intérieurement. Il y avait même quelque chose d'indécent dans la manière dont il se parait du rôle de victime. Qu'avais-je à faire de son enfance, de ce misérabilisme fantasmé ?

– Il dormait. Il dormait, confiant, protégé par sa bonne étoile et son passeport. Oh, bien entendu, il avait pris soin de dissimuler son portefeuille et ses précieux traveller's cheques derrière la glace de la coiffeuse. Mais sa montre Cartier, sa menue monnaie, il avait laissé tout cela sur la table de nuit, de son côté du lit. Que représentais-je pour lui ? Un gamin des rues, une friandise éphémère, sans plus de consistance qu'un rêve sensuel. L'idée que je puisse vouloir me venger, l'idée que je puisse concevoir envers mon bienfaiteur du ressentiment, voire de la haine, ne l'avait pas effleuré. Je le regardais dormir. Il était beau. Même dans la pénombre de la chambre, dans l'odeur étouffante de la sueur, il était beau, propre, intouchable. Il dormait. Alors, parce qu'il n'était pas concevable que je me venge de la violence subie en le frappant dans son sommeil comme j'en ressentais l'envie, j'ai volé sa montre. J'aurais pu voler son argent, mais je voulais qu'il se souvienne de moi.

J'ai refermé délicatement la porte de sa chambre, j'ai parcouru en sens inverse les couloirs de la nuit, et je suis ressorti près de la piscine. Dans la lueur blafarde du matin, elle avait perdu tout son charme. Un gros parasite blanc et bleu ronronnait au fond de l'eau, arpentant les parois au bout d'un long tuyau de plastique. J'escaladai le grillage, la montre de mon bienfaiteur au poignet, et retrouvai la rue.

Le soir même, les camions gravirent la colline, se déployèrent dans les ruelles. De notre chambre du deuxième étage, Clara avait, dès les premiers cris, jeté un œil par la fenêtre, pour s'apercevoir que tout espoir de fuite était vain. L'orphelinat était cerné. Je l'avais rejointe, tremblant, sur sa paillasse. Elle m'avait serré dans ses bras. Je ne songeai même pas à dissimuler la montre que je portais au poignet, tant me sembla impossible, dans un premier temps, que ce seul larcin pût avoir déclenché de telles représailles. Les militaires nous trouvèrent ainsi, et ne s'intéressèrent d'abord pas à nous. Dans le couloir, on entendait des coups sourds, des geignements. Puis l'un d'entre eux, ouvrant brutalement les portes de notre vieille armoire bancale, fit voleter dans la pièce une dizaine de tracts politiques de mauvais papier, à l'effigie d'El Jefe, qui scellèrent notre destin.

Au loin, une église carillonna dix heures, puis une autre. De La Peña jeta un œil à sa montre pour vérification. Un violent éclat de rire monta de la rue, suivi du vacarme d'une bagarre d'ivrognes.

– Je parle, je parle, et l'heure tourne. Nous poursuivrons cette conversation un autre jour.

Je songeai : « Ce n'est pas une conversation, c'est un monologue », mais n'en dis rien.

– Il n'en est pas question, répondis-je. Je suis venu demander des éclaircissements, et je vous quitterai quand je les aurai obtenus.

Il hocha la tête, se leva en s'arc-boutant sur son bureau. Il eut un geste sec, trop sec, et la béquille métallique qu'il avait calée sur l'angle d'un tiroir vrilla et tomba à terre. Sans réfléchir, je m'en saisis et la lui tendis.

– Merci, monsieur Andrieu. Je suis maladroit en fin de journée. Si je vous proposais d'ajourner notre discussion, c'est que j'ai une sortie prévue…

– En mer ? demandai-je.

– En mer, répondit de La Peña. Vous êtes bien renseigné.

Il eut un moment d'hésitation, ajouta :

– Voulez-vous m'accompagner ?

La voiture ralentit devant la grille du port militaire. L'ordonnance du colonel de La Peña agita un papier officiel par la portière, en geste de salutation plus qu'en guise de sauf-conduit. De l'intérieur de la guérite, deux soldats sortirent, se mirent au garde-à-vous. De La Peña salua alors que la limousine reprenait de l'allure, et j'eus le temps d'apercevoir, du coin de l'œil, l'intérieur du petit poste de garde, une simple table de bois sur laquelle étaient posées des cartes à jouer, une bouteille de vin à la panse imposante, et une guirlande d'encens pour éloigner les moustiques.

Le chauffeur continua sur le quai, et nous passâmes dans l'ombre de hangars militaires imposants. Enfant, j'avais tenté sans succès de construire des maquettes de ce type, qui avaient fini au fond d'une poubelle, gluantes de colle et de peinture vernie mal séchée. Un instant, je nous vis de loin, comme si l'objectif d'une caméra nous suivait du haut d'une Louma, glissant parallèlement au quai, et j'eus la sensation d'avoir été réduit à la taille de ces maquettes d'enfants, de n'être qu'un minuscule insecte sur une aire de jeux trop vaste pour moi.

De La Peña jeta sa béquille sur le pont, agrippa l'échelle et sauta à l'arrière du bateau. Je le suivis, lesté du lourd panier en osier que son chauffeur avait extrait du coffre de la voiture. De La Peña posa une fesse sur le siège en skaï grisâtre, mit le moteur en route. L'eau à l'arrière du bateau fut agitée de tourbillons huileux. Je défis le bout comme je pus, tentant de cacher mon ignorance de la procédure exacte. Avant que je n'aie eu le temps de me souvenir qu'aucun de mes contacts dans l'île ou à Paris ne savait où j'étais, nous quittâmes le havre du port pour nous retrouver en pleine mer.

– Je n'ai jamais eu l'occasion de questionner Clara à propos de la présence de ces tracts politiques dans notre armoire. Longtemps, j'ai cru qu'elle n'y était pour rien, qu'un autre enfant de l'orphelinat les avait dissimulés là. Mais cela n'avait aucun sens. Clara était la plus âgée d'entre nous, et probablement, sans que nous en ayions jamais rien su, la seule à avoir une vraie conscience politique. Peut-être parce qu'elle gardait un souvenir plus vivace de nos parents, et du jour où, à la place de ma mère, nous trouvâmes à la sortie de l'école un officier de sécurité, chargé de nous emmener à l'orphelinat. J'avais questionné Clara sur nos parents, à plusieurs reprises, mais elle refusait d'en parler, et au fil des années, grandissant avec elle, entouré des autres gamins dans l'orphelinat vidé de ses médecins et de ses gardiens, j'avais fini par considérer le monde des grandes personnes comme un monde à part, auquel nous n'avions pas accès. L'idée même que je provenais de l'accouplement de deux adultes ne m'effleurait même plus, tant cette espèce semblait distincte de la nôtre.

– Les soldats nous séparèrent à coups de pied, de poing. Clara griffa le visage de l'un d'entre eux, faillit lui arracher un œil. Mais ils étaient nombreux, armés, et nous savions au fond de nous-mêmes que nous étions perdus. Après cinq heures passées dans une cellule, entouré d'ivrognes, je fus amené devant un officier et confronté à ma sœur. L'homme fut courtois, et bref. Il nous informa que nos activités antipatriotiques avaient été percées à jour grâce à la vigilance continue des défenseurs de l'intégrité morale de la nation, et qu'en tant qu'opposants au régime, nous avions été condamnés l'un et l'autre à vingt années d'emprisonnement à Castel Morro par un tribunal militaire. Clara protesta de mon innocence, l'assura que je n'étais qu'un enfant, que je n'avais rien à voir avec ces tracts politiques. Il n'écoutait déjà plus. Quatre militaires pénétrèrent dans la pièce et, sur un geste de l'officier, s'approchèrent de nous. L'un d'entre eux me saisit par le bras pour me faire lever. Je me débattis. Clara cria mon nom. L'un des soldats me frappa au front avec la crosse de son arme, sans animosité particulière. Je sentis des doigts agripper mon poignet, m'arracher la montre qui avait causé notre perte. Tandis qu'ils m'emmenaient, choqué, à demi inconscient, j'entendis Clara m'appeler en pleurant. J'ouvris les yeux, péniblement, et, à travers un voile rouge, je l'aperçus, pliée en deux, les bras tordus dans le dos par un des gardiens. Je ne devais jamais la revoir.

– Beaucoup d'histoires d'horreur circulent au sujet de Castel Morro, reprit le colonel de La Peña, s'étant ressaisi. Soyez assuré, monsieur Andrieu, qu'elles sont toutes véridiques…

Il avait ralenti le bateau dès que nous avions approché les premiers récifs de la baie, et nous avancions maintenant très lentement. Les vagues venaient claquer contre la proue, accentuant le roulis. Castel Morro se dressait devant nous, mais les nuages voilant la lune n'en dessinaient que la silhouette. Il me semblait avoir glissé sans m'en apercevoir dans un autre monde.

– Depuis 1870, les opposants politiques sont emprisonnés entre ces murs de pierre… loin du regard des hommes. Vous connaissez Castel Morro, monsieur Andrieu, sans même jamais y avoir mis les pieds. Vous le connaissiez avant même de militer pour les droits de l'homme, avant même d'avoir inspecté sous diverses latitudes, j'imagine, des cellules trop petites, mal éclairées, dans des soubassements immondes… Il n'y a pas trente-six façons de construire un enfer sur terre. Les geôles étroites, l'absence totale d'hygiène, la nourriture infecte, le froid… les semaines s'écoulant en mois, en années, ensevelissant l'esprit sous une gangue fétide, nous réduisant à l'état de bêtes… et la perspective monstrueuse de mourir là, oubliés, sans jamais revoir l'extérieur. Je n'ai pas eu de jeunesse, monsieur Andrieu, juste une succession de jours mornes à suivre la course du soleil sur l'angle des murs, ou à organiser des combats de fourmis et d'araignées… Les soirs de fête, des soirs tout comme celui-ci, le bruit des feux d'artifice flottait par-dessus la baie, jusqu'à nos oreilles… le bruit des feux d'artifice… et d'autres bruits…

Nous étions une dizaine par cellule. Chaque nouvel arrivant était, pendant une quinzaine de jours, soumis à un feu roulant de questions, interrogé, vidé de toutes les informations qu'il pouvait rapporter du monde extérieur… Dès mon arrivée, mes compagnons de cellule me pressèrent de questions. Je racontai mon arrestation, sans faire mention de mon incursion à l'hôtel. Puis d'autres choses. Je leur parlai de l'orphelinat, des nouveaux coupés qui faisaient la course sur l'esplanade, sur les hauteurs de la ville. Je leur parlai de la visite de l'ambassadeur américain au gouverneur Marquès, de la sécheresse dont se plaignaient les cultivateurs sur les marchés où nous chapardions des fruits… Je leur parlai de choses de plus en plus insignifiantes.

À ma terreur grandissante, je vis qu'ils en demandaient toujours plus. Tout ce qui venait du dehors, tout ce qui pouvait un instant distraire leur esprit de la torpeur quotidienne, était pour eux une bénédiction, et une torture cuisante. Je ne les comprenais pas alors, mais cinq ans plus tard…

– Les gardes ne nous maltraitaient jamais, et les journées s'écoulaient, monotones, désespérément lentes… J'avais tout le temps de penser à mes anciens camarades, et à Clara. De revivre, seconde après seconde, ces dernières heures de liberté, le vieux couple dans la piscine de l'hôtel, et puis la nuit tombante, et puis mon bienfaiteur, dont j'avais gardé comme unique souvenir ce tee-shirt taiwanais, maculé de taches de sang brunâtres. J'avais tout loisir de ressasser les conséquences de mon larcin, de ma criminelle stupidité. J'avais voulu me venger, alors que je n'étais rien, moins que rien, et que j'aurais dû accepter mon sort et m'en aller, quitter mon bienfaiteur en balbutiant des remerciements. Mais j'avais cru, un instant, que j'étais un être humain, avec des droits, des droits sur ma misérable petite personne. Et pour cette arrogance, j'avais été puni, et Clara et les autres enfants avec moi. Fallait-il qu'il y tienne, à sa foutue montre, pour avoir porté plainte ! À cause d'elle, j'avais attiré les militaires jusqu'à nous, jusqu'à Clara, plus sûrement que si je l'avais désignée du doigt dans la rue en hurlant : « C'est une révolutionnaire ! C'est une ennemie du gouverneur Marquès ! »

La voix du colonel était infiniment lasse. Il reprit :

– Clara aussi était emprisonnée à Castel Morro, dans une autre aile du bâtiment. Les geôliers me donnaient parfois de ses nouvelles, toutes contradictoires. Je pensais à elle constamment, et je tâchais d'éviter de me laisser sombrer. Je liai amitié plus particulièrement avec deux de mes compagnons de cellule, Paolo et Reinaldo. Paolo avait vingt-sept ans, et était emprisonné depuis cinq ans à Castel Morro pour avoir, sous l'effet de l'alcool, un soir de fête, entonné une chanson ridiculisant le gouverneur Marquès devant une patrouille de la police militaire. Reinaldo, qui disait avoir trente ans mais en paraissait le double, avait oublié pendant les huit années de sa captivité le crime pour lequel il avait été condamné à soixante ans d'emprisonnement. Petit à petit, ces deux hommes formèrent mon univers, et le monde extérieur s'effaça de ma mémoire.

La porte de la cellule s'ouvrit, un jour, pour laisser passer un homme en habit militaire. Il était beau, resplendissant dans son uniforme. Son regard glissa sur chacun de nous, et j'éprouvai une sorte de honte à l'idée de la loque misérable que je devais représenter à ses yeux. Il sortit un carnet de cuir de sa poche et lut : Paolo Nascimento.

Tous mes compagnons s'étaient tus dès son entrée dans la cellule. Paolo se leva pour suivre l'homme. Je ressentis, je dois l'avouer, une haine intense à son égard. On venait le délivrer, lui ! Lui qui avait publiquement diffamé notre gouverneur, alors que moi…

La porte se referma, et je me tournai vers Reinaldo pour faire éclater ma hargne et mon dépit. La terreur dans ses yeux me figea. Je posai des questions, tâchant de savoir pourquoi on avait emmené Paolo. Personne ne me répondit. L'un de mes compagnons pleurait, marmonnant des phrases incohérentes. Chacun se replia sur lui-même, évitant le regard des autres.

Lorsque nos geôliers apportèrent la nourriture ce soir-là, je les interrogeai, mais eux aussi fuirent mon regard. Tout ce que je pus apprendre, c'est que l'homme en uniforme qui nous avait visités était le colonel Guarneri, le commandant de Castel Morro. Las de questionner en vain mes camarades, je tâchai de m'endormir tôt cette nuit-là.

– Je m'éveillai d'un sommeil sans rêves. Mes yeux se posèrent sur la paillasse vide de Paolo. Je me haussai sur un coude, chassant la vermine qui courait sur ma poitrine, et je constatai avec surprise que, malgré l'heure avancée de la nuit, aucun de mes compagnons ne dormait. Dans l'obscurité, devinant leurs visages fiévreux plus que je ne les vis, je fus pris d'un sentiment de panique. Ces hommes au bout de tout, ces hommes réduits à la condition de bêtes... Que pouvaient-ils encore redouter ?

Six jours passèrent, et six nuits de veille. La porte s'ouvrit une nouvelle fois. Le colonel Guarneri pénétra dans la cellule. Deux geôliers traînèrent une forme humaine à l'intérieur, et comme Paolo tentait de se remettre debout sans succès, le colonel Guarneri esquissa un salut militaire en sa direction, et murmura, sur le ton de la confiance :

« Au revoir, monsieur Nascimento. Une prochaine fois, peut-être… »

Puis il s'en alla, et je me précipitai vers mon ami. Avec l'aide de Reinaldo, je l'allongeai sur sa paillasse, tout en parcourant son corps des yeux à la recherche de signes de torture. Il était indemne. Indemne, et à moitié fou. Il délirait, lâchant entre ses dents serrées des bribes de phrases incompréhensibles qu'il tentait de ravaler tandis qu'un flot de salive venait poisser sa barbe hirsute :

« Pas cette fois… pas cette fois, ni aucune autre fois… tu m'entends, je ne le ferai pas… »

Je le veillai pendant deux jours, le forçant à s'alimenter, à boire. Une nuit que je portais la cruche d'eau à ses lèvres, il s'agrippa à mon bras et, me tirant vers lui, murmura :

« Ce n'est pas vrai, Juan… la prochaine fois, je le ferai ! La prochaine fois, je ne pourrai pas résister… Tue-moi… Tue-moi ! »

Je le regardai, effaré, et il me lâcha pour cacher sa tête dans ses mains. Des vagues de tremblements le secouèrent, lui arrachant des râles. Je me glissai à ses côtés, l'enserrai de mes bras pour tenter de les faire cesser. Enfin, au bout d'une heure, il faiblit, et sembla trouver le sommeil.

Je fus réveillé le lendemain par des hurlements. Mes hurlements. La tête de Paolo reposait sur le bord de ma paillasse. Pendant la nuit, il s'était entaillé le cou avec un tesson de la cruche. Au vu des blessures, cela avait dû nécessiter plusieurs tentatives.

Ce soir-là, devant le flot incessant de mes questions, le plus vieux de mes camarades d'infortune me prit à part, m'expliqua pourquoi Paolo s'était tué. Il me fit comprendre que l'on ne m'avait rien dit jusque-là pour retarder l'échéance de la terreur. Je regrettai, trop tard, ma curiosité.

Pendant des semaines, des mois, l'horreur et l'espoir s'emparèrent de moi tour à tour. Je n'arrivais pas à y croire, ni à chasser cette révélation de mon esprit.

Puis un jour, la porte de la cellule s'ouvrit à nouveau…

Cette nuit-là, je ne dormis pas. À mes côtés, la paillasse de Reinaldo était vide. J'avais tenté de prier pour lui, mais les mots ne venaient plus. Je me souvenais de son air de défi quand le colonel Guarneri avait prononcé son nom cet après-midi. Soixante ans de prison… si seulement…

Son cri d'agonie nous parvint, apporté par le vent de la baie, un hurlement aigu de terreur et de souffrance, coupé net.

L'un de mes compagnons se mit à geindre. Je vomis de la bile sur ma paillasse, sur moi-même, sans avoir la force de me tourner de côté.

Les années passèrent, puis un jour, monsieur Andrieu, la porte de la cellule s'ouvrit pour laisser passage au colonel Guarneri, dans son uniforme militaire immaculé. J'étais particulièrement fasciné par les reflets du soleil jouant sur ses boutons vernis. Fasciné, au point qu'il dut répéter mon nom.

Je me levai comme un automate et le suivis. Nous arpentâmes un étroit corridor, montâmes l'escalier en colimaçon d'une tour et, lentement, la vérité s'insinua dans mon esprit. Après toutes ces années, enfin… j'avais été reconnu innocent… le colonel Guarneri allait m'amener devant Clara, et…

Nous descendîmes quelques marches. Le colonel Guarneri sortit son trousseau de clefs, ouvrit une porte massive. J'entrai.

Juan de La Peña se pencha en avant sur le tableau de bord, semblant scruter la nuit au-delà des phares du bateau. Ses yeux brillaient dans la pénombre :

– Les curés apprennent aux enfants au catéchisme, monsieur Andrieu, que l'enfer est un endroit très chaud, avec des diables, des piques, des explosions de flammes… Foutaises… L'enfer, monsieur Andrieu, est une pièce nue de six mètres sur huit, éclairée par un minuscule soupirail grillagé. Au milieu de la pièce, il y a une trappe en bois avec un anneau. Si vous souleviez la trappe, vous pourriez voir le début d'une chute en ciment, assez large pour laisser passer un homme. Et si vous vous allongiez sur le sol, monsieur Andrieu, près de la trappe… et si, en vous accrochant bien à cause du vertige, vous regardiez le long de cette chute, vous distingueriez l'eau de la baie, et la liberté.

– C'est ce que me décrivit le colonel Guarneri, patiemment, après avoir refermé la porte, à travers le pertuis, tout en allumant un fin cigarillo. Et toujours avec autant de courtoisie, il m'expliqua aussi le reste... Au pied de la tour, juste au-dessous de la trappe, les fenêtres des cuisines donnent sur la baie.

C'est là que les cuisiniers jettent les ordures.

C'est aussi à cet endroit que sont déversés dans la baie les seaux d'excréments de l'ensemble des prisonniers de Castel Morro. Le résultat est simple. Immédiatement en dessous de la tour à cet endroit, l'eau est infestée de requins, pour la plupart des tigrés des Caraïbes...

Les pas du colonel Guarneri s'éloignèrent dans le couloir, et je me retrouvai seul. Pendant combien de temps restai-je assis sans bouger, je ne le sais pas. Puis j'avançai vers la trappe, et la soulevai pour vérifier les dires du colonel. Je la refermai, m'en éloignai le plus possible, et m'assis pour attendre. Paolo avait tenu six jours. Il me suffisait de suivre son exemple.

Le lendemain, j'ouvris la trappe cinq fois, pour la refermer à chaque reprise avec plus de violence. Je revoyais Paolo à son retour, et je me posais cent fois la même question : avait-il mis fin à ses jours parce qu'il avait peur de ne pas résister à la tentation si l'occasion se présentait à nouveau, ou s'était-il supprimé parce qu'il n'avait pas trouvé le courage de sauter ? S'ils revenaient me chercher demain, pour me remettre dans ma cellule… La mort n'était-elle pas préférable à la perspective de finir mon existence dans ce trou ignoble ?

Mes compagnons me l'avaient dit : presque tous sautaient… Il était rare qu'un homme ait la force de résister. Et quand cela arrivait, il y aurait une deuxième fois, deux ou trois ans plus tard… l'homme serait remis devant la trappe, après des centaines de nuits surnuméraires d'angoisse et de remords, ses maigres chances encore amoindries par l'étiolement de ses forces, la fonte de ses muscles…

Alors l'homme sautait.

J'avais posé la question évidente. Est-ce qu'un jour, quelqu'un avait réussi ? Est-ce qu'une fois, rien qu'une seule, un prisonnier avait réussi à traverser la baie ? Mon interlocuteur m'avait dévisagé comme si j'avais perdu la raison :

« Tu es fou, Juan… Tiburon a mangé tout le monde… Tiburon. Le requin. »

Le hurlement de Reinaldo, le suicide de Paolo me revenaient en mémoire. Et j'imaginais ce qui se passerait si je retournais dans ma cellule pour y moisir encore quelques années… la folie rongeant mon esprit tandis que l'inaction s'attaquerait plus encore à mon corps, affaiblissant mes muscles, bloquant mes articulations. Jusqu'à ce que le colonel Guarneri me ramène dans cette pièce, et que sauter ne représente plus qu'une forme déguisée de suicide…

Deux fois par jour, on déposait à travers un passe-plat encastré dans le mur un plateau, garni d'un bol de soupe, de quelques croûtons de pain, de fruits… Et le soir, le pertuis de la porte métallique s'ouvrait. Alors parvenait à mes narines le parfum du cigarillo du colonel Guarneri. Je m'efforçais de ne rien laisser paraître de ma terreur. Était-il simplement venu me narguer, ou l'heure avait-elle enfin – déjà ? – sonné de me ramener à ma cellule ? Je n'osais pas même lever mon regard vers le sien, par crainte de perdre toute contenance, de me jeter à terre pour implorer sa clémence. Il haïrait ma faiblesse, à juste titre, et je savais pertinemment qu'il me punirait. Je n'osais même pas lui demander des nouvelles de Clara, par peur d'attirer l'attention du colonel sur elle. Alors que si quelqu'un dans Castel Morro pouvait me renseigner sur l'état de santé de ma sœur, c'était bien lui. Qui sait, peut-être avait-elle été libérée depuis des années déjà, sans que je n'en sache rien… Alors, tandis que le colonel Guarneri fumait patiemment son cigarillo à quelques mètres de moi, pour ne pas craquer devant lui, je fermais les yeux et tentais de faire revivre dans mes souvenirs le rire de Clara.

La lune se dévoila. Une bourrasque fit claquer les attaches métalliques à l'arrière du bateau, et je constatai que j'étais couvert d'une transpiration froide, gluante.

– Au soir du cinquième jour, des pas ont résonné dans le couloir. Je compris que les geôliers venaient me chercher pour me ramener à ma cellule. Dans un sursaut, je soulevai la trappe. L'eau de la baie miroitait dans la lumière du couchant. J'ai plongé.

De La Peña lâcha le gouvernail, claudiqua jusqu'à l'arrière. Il ôta une petite trappe en contreplaqué, souleva un seau d'où s'élevait une odeur nauséabonde. Des têtes de poisson macérées baignaient dans un jus brunâtre. Il jeta le tout par-dessus bord, et le seau fit un bruit d'évier en s'enfonçant dans les vagues.

– Les requins, Andrieu... Avez-vous déjà vu des requins ? En avez-vous déjà approché ? Ne serait-ce qu'une fois, dans un aquarium, un zoo ? Avez-vous ressenti ce picotement particulier dans l'échine, cette irrépressible envie de fuir, d'esquiver leur regard morne, transfixiant ? Castel Morro m'avait ravalé au rang de bête, d'animal… mais rien ne m'avait préparé à l'horreur de ce plongeon. Je ne pense pas que vous puissiez réellement comprendre ce que j'ai éprouvé alors… Un requin ne s'attaque pas à vous simplement pour vous tuer… mais pour vous manger, pour dévorer votre chair, la faire sienne. J'étais descendu du rang d'animal à celui d'aliment. J'étais affaibli, Andrieu, mais dès que j'ai retrouvé la surface, et malgré la violence du choc, j'ai commencé à nager, le plus vite et le plus régulièrement possible, faisant appel à des réserves d'énergie que je ne me savais même pas posséder.

J'avais fait une vingtaine de brasses quand une nageoire dorsale a fendu l'eau, droit devant moi, à une centaine de mètres. Je me suis immobilisé. L'aileron avançait vers moi, prenant de la vitesse, puis le requin a sondé. Je n'ai pas bougé. Les secondes ont passé, et j'étais toujours indemne. J'ai plongé la tête sous l'eau, tentant de distinguer quelque chose. Une forme, puis une deuxième, puis une troisième, sont passées au-dessous de moi. Elles n'ont pas réapparu. J'aurais tant voulu être resté là-haut. Quelques minutes, et j'aurais été de retour parmi mes camarades, en sécurité dans ma cellule. Instinctivement, j'ai levé les yeux vers Castel Morro.

De La Peña eut un geste vers la tour qu'éclairait maintenant la lune. La pierre était grise, rongée par les embruns, mortifère. Dans l'obscurité, quelque chose frôla la coque du bateau.

– Je pouvais deviner la trappe, là-haut. Des cuisines, on jetait des seaux d'ordures. Je suivis des yeux la chute des épluchures de légumes, des quartiers de viande trop pourrie pour être distribuée, des seaux d'excréments. Tous ces déchets tombèrent en pluie sur les vagues à une cinquantaine de mètres de moi. Une nageoire brisa la surface, puis une autre, et en quelques secondes, la mer à cet endroit se mit à bouillonner. Je restai pétrifié. Un requin passa tout près de moi, glissant lentement entre deux eaux. La distance entre la nageoire dorsale et la queue devait excéder quatre mètres. Attiré par les remous de ses congénères, il continua sur sa lancée. Au pied de la tour, la mer se teinta de sang. L'un des requins, blessé, fut dévoré par ses congénères. Tandis qu'ils le dépeçaient, sa gueule jaillissait de l'eau, spasmodiquement. Son abdomen était ouvert, et le ruban translucide de ses intestins flottait autour de lui. D'un mouvement convulsif, il les avala. La terreur l'emporta sur la prudence. Je nageai à toute allure vers le rivage, frénétiquement. J'étais à trente mètres de la côte lorsque le ciel disparut. Je crus d'abord qu'une vague m'avait submergé. Mais comme l'eau s'obscurcissait autour de moi, je compris que j'avais été mordu. Je ne distinguais plus mon pied gauche. Je me débattis dans un flot de sang pour remonter à la surface, et le requin revint à la charge. Sa gueule s'ouvrit, ses dents se refermèrent sur moi. Tout mon côté gauche fut écrasé dans cet étau. Je hurlai, frappai la tête du requin de mon poing. Il sonda, m'entraînant vers le fond. L'eau bouillonnait dans mes oreilles, pénétrait mes poumons. Je visai l'œil vitreux du monstre. Mes doigts fouaillèrent une humeur épaisse…

Je ne repris conscience que longtemps après.

Des pêcheurs m'avaient ramassé, qui revenaient tous phares éteints après le couvre-feu. La mère de l'un d'entre eux pansa mes plaies. Pendant trois semaines, ils me cachèrent, et la femme procéda elle-même à l'amputation de ma jambe gauche.

Je survécus.

Et un soir, un homme pénétra dans la cabane des pêcheurs. Un homme dont j'avais vu, plusieurs années auparavant, la tête mise à prix sur des affiches placardées dans les faubourgs de la ville. Un homme dont le visage ornait les tracts que Clara entassait dans l'armoire. Sa figure était mangée par une barbe épaisse, ses cheveux trop longs bouclaient sur le col d'une veste militaire élimée, tachée de sueur et de graisse. Nous avons parlé longtemps. Et il m'a accepté parmi les siens, malgré ma jambe et mes blessures, ou peut-être à cause d'elles. El Jefe m'a ramené parmi les hommes.

De La Peña s'arrêta un instant dans son récit, sortit un cigarillo d'un étui gravé à ses initiales, l'alluma. Il fit un geste dans ma direction, mais je déclinai son offre. Ma gorge était affreusement sèche. Je n'osais plus poser les yeux hors de la surface rassurante du pont du bateau. Un remous sourd à bâbord faillit m'arracher une plainte.

– El Jefe était déjà, à l'époque, une légende vivante, un mythe. Certains disaient qu'il avait été capturé et fusillé par les troupes spéciales du gouverneur, dans la jungle, mais qu'il s'était relevé et avait recraché les balles sur les soldats. Ensemble, lui et moi, nous avons inculqué une leçon nouvelle, inattendue, aux sbires du gouverneur Marquès. Nous leur avons appris la peur. Comprenez, monsieur Andrieu, que les gens ici sont de bons chrétiens, pratiquants, mais très superstitieux… El Jefe savait cela. Et quand, dans les campagnes, El Jefe et Tiburon apparaissaient côte à côte, les paysans regardaient sans mot dire mes blessures, et se signaient.

– Selon la légende, ceux que Tiburon a marqués de ses mâchoires, et qui en ont réchappé, sont à jamais différents des autres hommes. Leur regard vient de plus loin, leur âme porte en permanence les morsures de la mort, comme leur corps porte jusqu'au dernier jour les marques de la bête.

De La Peña se souleva difficilement du siège, défit les boutons dorés de sa veste, puis ceux de sa chemise. Le geste eût pu sembler infantile, ridicule. Mais au fur et à mesure de son récit, le cynisme qui m'avait servi de rempart avait cédé, et je l'observai en silence. Il était maigre, d'une maigreur de squelette, d'agonisant. Son torse était couvert de sueur. Barrant son abdomen, disparaissant sous la ceinture dans les plis de son pantalon d'uniforme, une série de pansements masquaient ses blessures à mes yeux. Mais leur raideur, l'humeur jaunâtre, torpide, qui les infectait encore cinq ans plus tard, disait assez quelles souffrances il devait endurer quotidiennement. Je dus faire un effort pour ne pas baisser les yeux.

C'est un bourreau, ne cessai-je de me répéter. C'est un bourreau. Mais ces mots n'avaient plus de signification.

– J'étais un infirme, monsieur Andrieu, mais j'étais aussi le plus loyal des lieutenants d'El Jefe, et mon seul nom semait la terreur dans les rangs de nos ennemis. De succès militaire en insurrection civile, nous avançâmes comme une traînée de poudre le long de la route du Sud, remontant inexorablement vers San Felicio, où Marquès avait massé ses troupes d'élite. Dans les derniers jours, alors que la ville allait tomber, il chercha, comme tous les tyrans de son espèce, à fuir le pays avec sa famille et son trésor de guerre. Mais aux yeux de ses anciens alliés, les États-Unis, la

France, la Grande-Bretagne, il ne représentait plus rien que le passé, un passé encombrant. El Jefe avait tissé des liens, par l'intermédiaire de quelques intellectuels européens, avec les gouvernements occidentaux qui avaient soutenu pendant tant d'années le régime Marquès en échange de nos minerais, de nos plantations, de nos richesses… Des contacts avaient été pris en haut lieu, des assurances échangées de part et d'autre, des contrats mis en forme dans la mémoire des puissants ordinateurs de grandes compagnies pétrolières et minières. Lorsque Marquès chercha l'appui des ambassadeurs occidentaux encore présents à San Felicio, il ne reçut que de vagues promesses. Lorsqu'il tenta de contacter directement, par téléphone, par fax, les chefs d'État qui pendant des années lui avaient voué une amitié indéfectible, il n'obtint que des employés subalternes, qui s'engagèrent à faire suivre ses messages. Marquès possédait un véritable palais en Floride, un autre sur la Côte d'Azur. Il avait cru pouvoir y finir ses jours entouré de sa garde présidentielle, dans l'anonymat et le luxe.

Ce rêve s'évaporait. Il se résigna à demander l'asile aux pays voisins. Et apprit alors que l'espace aérien était surveillé en permanence par des avions Awacs américains, qui interdisaient le franchissement des frontières. Marquès tenta de feinter, envoya quelques Mirage qu'il avait achetés l'année précédente au gouvernement français. Aucun des avions ne rentra à la base. Il aurait pu prendre la mer, mais pour aller où ? Il se vengea en ordonnant une vague de répression sanglante en ville, qui amena vers nos rangs de nombreux soldats de l'armée régulière, écœurés et effarés. Alors il s'enferma dans le palais présidentiel, et attendit la fin. Il nous fallut deux jours entiers pour accéder à sa suite. Chaque marche gravie à l'intérieur du palais le fut au prix de dizaines de morts de part et d'autre. Les murs étaient criblés de balles, l'air, noir de poudre et de cordite, était irrespirable. Enfin, je pénétrai dans sa chambre, le séparai de sa femme décharnée et de ses enfants obèses, le traînai sur le balcon du palais présidentiel. Les cloches de la ville sonnaient, à toute volée. Les sirènes hurlaient. Dans les rues, sur la grand-place, le peuple affluait. Je le hissai sur le parapet. Devant ses yeux, chaque membre de son état-major, chacun de ses ministres, fut précipité par-dessus la balustrade et vint s'écraser au pied de la foule massée sur la place.

«Tiburon ! Tiburon ! »

Je songeai à Paolo, à Reinaldo, à Clara, à tous les autres… La foule scandait mon nom de guerre, et je pleurai sa folie, sa lâcheté. Toutes ces années d'horreur, monsieur Andrieu, toutes ces années de captivité et d'avilissement pendant lesquelles ils avaient vaqué à leurs petites affaires, à leurs petites vies, tandis que nous croupissions dans nos déjections, en plein milieu de la baie… J'étais las, je n'avais pas de temps à perdre. J'ai garrotté le gouverneur Marquès, l'esprit ailleurs.

Castel Morro tomba le soir même entre nos mains, sans que le sang eût été versé de part et d'autre. J'étais fatigué, monsieur Andrieu, fatigué de la mort, du sang et de la charogne. Mes compagnons de lutte saisirent les trousseaux de clefs des mains des gardiens, ouvrirent grandes les portes des cellules, en ressortirent des hommes efflanqués, des femmes tassées sur elles-mêmes, qu'il fallait parfois porter jusqu'aux bateaux. Sur la plage, sur le port, tout ce que la ville comptait de médecins, d'infirmiers, réceptionnait les anciens détenus. La foule, pourtant pressée de retrouver un père, un frère, une amie, observait cela dans un silence tendu, oppressant, prenant conscience brutalement des années perdues, du gouffre irrémédiable qui s'était creusé dans l'indifférence quasi générale entre ceux du dehors et ceux du dedans. Mais je n'étais pas là pour le voir. Je parcourais les couloirs de Castel Morro, cherchant désespérément un visage que je craignais de ne pas reconnaître. En vain. Enfin, deux de mes hommes amenèrent devant moi le colonel Guarneri. Il avait peur, sans doute. Il ne me reconnaissait probablement pas, mais ne devait nourrir aucune illusion sur le sort qui lui serait réservé. J'aurais pu l'interroger, mais je voulais qu'il ignorât encore quelques instants mon identité, et je craignais qu'il ne reconnût ma voix. Peut-être également avais-je aussi peur que lui. Il m'aurait suffi de faire abstraction de mes hommes le tenant en respect au bout de leurs fusils, et j'aurais pu être transporté quatre ans en arrière, quand son uniforme impeccable, aujourd'hui légèrement froissé, m'avait tant ébloui, et qu'il avait dû répéter mon nom avant que je réalise que j'étais appelé à mon tour. On me tendit ses affaires, son étui à cigarettes, son carnet de cuir. Mes hommes détournèrent les yeux tandis que je le feuilletais incrédule. La liste de noms, de dates, défilait devant mes yeux, comme une élégie funèbre. Des noms que parfois je reconnaissais… Paolo Nascimento… Reinaldo Rocha… Juan de La Peña… et un dernier nom, en date de l'avant-veille… Clara de La Peña. Elle avait tenu onze jours.

De La Peña manœuvrait doucement le bateau entre les balises de sécurité.

– Je vais vous demander de saisir le bout, et de nous guider vers l'amarrage.

Le ponton, fantôme de bois rongé d'algues, se devinait dans la pénombre sur notre gauche. Je saisis le cordage, mis un pied sur le bastingage.

Mon cœur battait violemment dans ma poitrine. J'avais hâte d'être sur la terre ferme. Je bondis sur le ponton, guidai le bateau vers son amarre. De La Peña coupa le moteur, saisit sa béquille et me tendit le panier en osier. Il sauta. Je l'agrippai, l'aidai à garder son équilibre. Nous montâmes, en silence, les marches qui menaient à la grande porte de métal. Elle n'était même pas fermée. Il la poussa, et nous entrâmes dans une cour intérieure aride, déserte. De La Peña marchait devant moi, sans mot dire. Puis il se retourna, les yeux brillants :

– Tiburon est mort. Je suis redevenu Juan de La Peña. El Jefe me laissa choisir mon poste. Je suis devenu ministre de l'Intérieur, un titre purement honorifique dans la mesure où El Jefe garde la mainmise sur l'ensemble des forces armées et de la police. Ministre de l'Intérieur, et détenteur des clefs de Castel Morro. C'est une tâche dont je m'acquitte depuis quatre longues années, en mémoire de Paolo, de Reinaldo, de Clara aux cheveux d'ébène, et de moi-même. Cela m'a permis de survivre aux reniements d'El Jefe, à sa métamorphose en homme de pouvoir, en homme de main des mêmes multinationales qui naguère, sous le règne de Marquès, dépouillaient notre pays. Je l'ai vu trahir ses engagements, dérouler de longs discours creux, prônant le sacrifice à un peuple crédule tandis que lui-même et sa suite s'engraissaient. Je savais probablement avant même que nous gagnions cette guerre qu'il en serait ainsi, mais je m'en étais accommodé. Je n'étais mû alors que par le désir de sauver Clara, de la retrouver. Lorsque je sus qu'elle était morte, la volte-face prévisible d'El Jefe n'en devint que plus lourde à endurer. J'avais parcouru tout ce chemin, j'avais tué tous ces hommes, ces soldats imberbes, pour en arriver là… Pour voir se perpétuer les mêmes ignominies. Pire encore, j'acceptais cette corruption, cette infamie, de la part d'un compagnon d'armes pour qui ma sœur avait donné sa vie, en qui elle avait placé tous ses espoirs. Chaque jour au palais était une torture, une trahison. J'ai peu à peu perdu toute retenue, insultant en public les membres de l'entourage d'El Jefe, l'aréopage de salopards mielleux dont il s'était entouré. Un jour, il y a trois ans, une délégation française nous rendit visite. Le président de votre beau pays tenait à être vu en compagnie du Libérateur en personne. Le palais présidentiel croulait sous les fleurs, les photographes de presse nous mitraillaient de leurs flashs. Je quittai le gros de la fête, fatigué de cette représentation aussi bruyante qu'obscène, et me retrouvai dans l'ancien bureau du gouverneur Marquès. Les décorateurs avaient bien fait leur travail. Les impacts de balles avaient disparu sous la truelle, le pinceau. Un homme était là, assis sur un divan dans la pénombre devant la fenêtre grande ouverte. Un des nombreux invités de la délégation française. J'avais poussé la porte sans faire de bruit, et il ne m'entendit pas arriver. Un jeune garçon en costume de serveur, un gosse des rues qu'on avait sans doute embauché le jour même, était assis sur le divan à côté de lui. Comme dans un rêve, j'entendis l'homme murmurer :

« C'est très important, tu sais, d'avoir une bonne hygiène… »

En un bond, je fus sur lui. Il cria, appela à l'aide. Je le traînai vers le balcon, à la lumière de la lune, tandis que son protégé s'enfuyait sans demander son reste.

Les années n'avaient pas eu de prise sur mon bienfaiteur, ou si peu. Son front s'était légèrement dégarni. Ses yeux bleus avaient perdu de leur éclat. Mais sa peau était toujours aussi lisse, ses poignets et ses mains aussi fins, comme si, tel un vampire, il s'était nourri pendant tout ce temps de la vie qu'il avait flétrie.

« Que faites-vous là ? », demandai-je. C'était une question stupide, due à la surprise, à l'incrédulité.

« Je suis membre de la délégation française. Je suis conseiller du Président. »

Effectivement, je l'appris plus tard, mon bienfaiteur n'était pas, comme je l'avais cru, un quelconque homme d'affaires américain aisé, mais un artiste, un écrivain français, célèbre dans votre pays pour ses romans autobiographiques dans lesquels il narrait par le menu ses aventures amoureuses avec des petits crève-la-faim de toute nationalité.

Ses cris, la fuite éperdue du jeune serveur avaient ameuté la garde. Des hommes en armes pénétrèrent dans le bureau, découvrirent ce spectacle insensé à leurs yeux. Un invité de la délégation française, agenouillé devant le ministre de l'Intérieur, plaidant la clémence. Pendant quelques secondes encore, ils hésitèrent. J'en profitai pour saisir le poignet de mon bienfaiteur, agripper sa montre :

« On vous l'a rendue, n'est-ce pas ? Avec toutes les excuses de la police ? »

Il secouait la tête, comme pour chasser une vision de cauchemar. Puis brusquement il comprit, et ce fut comme si une lumière s'était allumée au fond de ses yeux. Pris de terreur, il cria de plus belle :

« À l'aide ! Par pitié, à l'aide ! »

Les membres de la garde présidentielle sortirent de leur immobilisme, s'avancèrent vers nous. Je m'agrippai à mon bienfaiteur, saisis mon pistolet Mauser et lui forçai le canon dans la bouche.

« Tu prends bien soin de tes dents, n'est-ce

pas ? C'est la première chose que je remarque chez un garçon. »

Avant que j'aie pu presser la détente, les hommes d'El Jefe étaient sur moi. Je me débattis, et le canon du Mauser emporta les dents de mon bienfaiteur, dans une gerbe d'esquilles d'os et de sang.

Je fus jeté à terre, maîtrisé. Alerté par les hurlements, El Jefe déboula dans la pièce, suivi du président français et de sa suite.

De La Peña saisit mon bras. Sa voix se fit songeuse :

– Sans doute tenait-il vraiment à moi, au souvenir de nos années de lutte. Peut-être étais-je sa caution, un des souvenirs faussement rassurants qui lui permettaient de se regarder le matin dans la glace sans vomir. Malgré les pressions, il refusa de se séparer de moi, de me faire disparaître. Tout au plus me fit-il comprendre, et cela ne me causa pas grand-peine, que je n'étais plus désirable à la cour. Je fus mis à l'écart des comités ministériels, des grandes décisions. Cela facilita les choses à mes collègues, qui purent dès lors se consacrer sans arrière-pensée, sans inquiétude, à leur tâche principale, le pillage systématisé des ressources de la nation à leur profit, alors que ma présence avait toujours occasionné une gêne, nécessité le recours à des périphrases, des subterfuges. On me laissa une ordonnance, un bureau, une limousine, et la responsabilité de Castel Morro.

Nous avions traversé la cour intérieure, monté les marches affaissées d'escaliers de pierre qui semblaient ne mener nulle part. De couloir en couloir, nous avions laissé derrière nous des dizaines de cellules aux portails métalliques entrouverts. Dans certaines d'entre elles, des oiseaux de mer avaient élu domicile, et une odeur de fiente et de varech flottait dans l'air. Enfin, après avoir négocié un étroit corridor, gravi un escalier en colimaçon, nous nous trouvâmes devant une porte massive.

De La Peña se tourna vers moi, fit un geste en direction du panier que je tenais à bout de bras. Je le lui tendis. Dans la semi-obscurité, il se baissa, l'ouvrit :

– Vous avez exigé de connaître les conditions de détention de nos prisonniers politiques à Castel Morro, monsieur Andrieu. Laissez-moi vous rassurer, et retournez à Paris en paix. Pour un tas de raisons, le nouveau régime, le régime d'El Jefe, ne compte pas enfermer ses ennemis politiques à Castel Morro. Les mendiants, les opposants, les gamins des rues qui risqueraient de mettre à mal l'image d'un paradis marxiste ouvert au grand capital et aux touristes en mal d'affection, tous ces indésirables sont envoyés dans les campagnes, où ils ne risquent pas de gâcher les photos de vacances des voyageurs ou la bonne conscience de nos partenaires commerciaux. Et Tiburon, quant à lui, n'a qu'un souhait : que Castel Morro soit détruit à jamais. Dans quelques semaines, dans quelques mois tout au plus, Castel Morro sera la proie des explosifs. J'y mettrai moi-même le feu. Mais pour cela, monsieur Andrieu, il me faut attendre encore un peu. Attendre que mon prédécesseur quitte son poste de son plein gré. J'ai attendu quatre ans déjà. Cela ne devrait plus beaucoup tarder.

Le colonel de La Peña se redressa, portant d'une main un plateau de bois sur lequel je distinguai des fruits, une miche de pain, un grand vase de terre cuite. De l'autre main, il ouvrit la grille d'un passe-plat encastré dans le mur, l'y déposa, actionna le mécanisme. Sans succès. Il répéta la manœuvre, mais la poignée refusa à nouveau de s'abaisser. J'étais encore sous le choc de ce qu'il venait de me révéler, et je ne compris tout d'abord pas ce qui se passait. De La Peña était légèrement penché vers l'avant, et je ne pouvais distinguer son expression. Il resta ainsi un long moment, et je me hasardai enfin à effleurer son épaule. Son visage était creusé par une douleur si nue, si intime, que je détournai mon regard.

Enfin, je l'entendis tirer le judas de la porte, se figer sur le seuil.

Je pensais qu'il allait crier, apostropher son prisonnier, mais pas un son ne sortit de sa bouche.

Il chercha au fond de sa poche un trousseau de clefs qu'il n'avait sans doute pas utilisé depuis quatre ans, l'en retira, me le tendit.

Je jetai à mon tour un œil à l'intérieur de la cellule, découvris la pièce qu'il m'avait décrite comme si, après avoir imaginé le décor d'une scène à la lecture d'un scénario, je pénétrais pour la première fois sur le plateau d'un tournage. Tout y était, les murs nus, lépreux, la trappe ouverte au centre de la pièce, dans l'obscurité. Je glissai dans la serrure une vieille clef rouillée qui résista un peu avant de tourner, et poussai la porte.

Malgré le soupirail grillagé creusé dans le mur, l'odeur dans la cellule était difficilement supportable. De La Peña s'était affaissé contre le mur du corridor. J'attendais qu'il se relève, me précède, mais, sans un mot, il me fit signe d'aller de l'avant. Mû par la curiosité autant que par un pressentiment angoissant, j'avançai précautionneusement vers le centre de la pièce, vers cette trappe de bois que des dizaines d'hommes et de femmes avaient soulevée pour endurer la torture d'un espoir de liberté. Je songeai que Guarneri aussi, finalement, avait choisi de sauter, de tenter sa chance ou d'en finir. Sans m'en rendre compte, je me tassai sur moi-même en approchant de la trappe, fis les derniers mètres presque à genoux. La chute de ciment était telle que de La Peña l'avait décrite, mais, par crainte du vertige, je ne m'attardai pas suffisamment pour apercevoir la crête d'écume des vagues. Un faisceau de lumière balaya la pièce, et, me retournant, je vis que de La Peña se tenait debout dans l'encadrement de la porte. L'espace d'un instant, une peur insensée, animale, me noua les tripes. Je l'imaginai refermant la porte sur moi, m'arrachant au monde des hommes pour me faire basculer dans la nuit. Cette panique subite disparut comme elle était venue. De La Peña scrutait les recoins de la pièce, et j'imaginai quelle souffrance ce devait être pour lui d'en franchir le seuil pour la première fois depuis des années. Il ressemblait à un enfant, un enfant perdu dans un costume trop grand, et je sus confusément que je n'avais rien à craindre de lui. Le rayon lumineux me dévoila la tinette, un recoin sordide surmonté d'un robinet rouillé. Puis la torche continua sa course, s'arrêta sur un premier plateau de bois encore garni de fruits flétris et d'un quartier de viande grouillant de vermine. Un second plateau, puis un troisième... j'en comptai ainsi une quinzaine, rangés scrupuleusement le long du mur, à intervalles réguliers, comme pour la parade. De La Peña était parcouru de tremblements incoercibles, et sa main, qui tenait la torche, imprimait au rayon lumineux un tressaillement gênant. Je reculai jusqu'à lui, scrutai son visage dans la pénombre.

– Qu'est-ce que c'est ? Qu'est-ce que ça veut dire ?

Il était perdu dans un rêve enfui, et le son de ma voix ne semblait pas l'atteindre. Délicatement, sans le brusquer, je pris la torche de ses doigts gourds, continuai mon inspection. Je vis d'abord le passe-plat encastré dans le mur, dont le mécanisme était coincé par l'amoncellement de trois plateaux de bois bloqués contre la grille. Puis je découvris, dans le coin le plus sombre de la pièce, une paillasse infecte. Le colonel Guarneri reposait sur le dos, les mains croisées sur sa poitrine en une parodie de repos mortuaire. Son visage mangé par une barbe épaisse, ses doigts aux ongles sales, démesurément longs, détonnaient avec l'uniforme fripé mais encore élégant qu'il avait revêtu sur son lit de mort. Je portai la main à la bouche et, retenant ma respiration, le front couvert de sueur, je m'approchai de lui. Il ne portait aucune blessure, aucune marque de coup. Une dizaine de carafes d'eau croupie trônaient à la tête du châlit sur lequel il reposait. Il s'était laissé mourir de faim et de soif, et avait tenu, ultime marque de défi, à ce que cela soit évident pour qui le trouverait.

Je ne savais pas combien de temps un homme pouvait tenir sans boire ni manger. Moins d'une semaine, avais-je lu autrefois, si mes souvenirs étaient bons. Comment, pourquoi, s'était-il infligé un tel supplice ?

Je me tournai vers de La Peña, toujours silencieux, et son visage livide me donna la réponse que je cherchais. Il contempla le cadavre de son ennemi pendant encore quelques instants, puis se remit en route, pivotant sur sa jambe valide pour quitter la pièce sans un mot. Un moment, contemplant de dos sa silhouette roide, brisée, vêtue du même uniforme défraîchi que son adversaire, j'imaginai que le cadavre de Guarneri s'était mis en marche, et se traînait hors de la cellule.

L'ordonnance du colonel de La Peña donna l'alarme dans la matinée, tandis que, écrasé de fatigue, je sommeillais dans ma chambre d'hôtel, indifférent aux bruits de la ville qui montaient des faubourgs. Sans me soucier du décalage horaire, j'avais appelé Didier dès mon retour. Il fallait que je parle à quelqu'un. J'avais eu droit au message enregistré sur le répondeur. Confronté au bip, j'avais seulement marmonné que mon voyage était terminé, que je rentrerais dès le lendemain par le premier avion. L'angoisse m'avait saisi avec le constat de mon échec : Guarneri mort, ma mission pour Amnesty n'avait plus aucun sens. Il me faudrait retourner en France, faire face à la haine des journalistes et au désintérêt du public. Retourner, peut-être même, à l'anonymat. J'avais vidé d'un trait la demi-bouteille de champagne trouvée au fond du réfrigérateur-bar. Puis le sommeil m'avait englouti, un sommeil agité, entrecoupé de demi-réveils glauques pendant lesquels les mêmes images, les mêmes questions, revenaient inlassablement me hanter. Qu'avait ressenti de La Peña en découvrant le corps de son ennemi ? En choisissant lui-même l'heure et la manière de sa mort, le colonel Guarneri avait réussi, contre toute attente, son évasion, laissant de La Peña à son délire de vengeance jamais assouvi, à une existence sans but, sans refuge. La trame confuse d'un scénario s'ébauchait dans mon esprit somnolent, un scénario où chacun des protagonistes, à tour de rôle, aurait été le bourreau et la victime. Je ne m'étais réveillé qu'au bruit des poings frappant la porte de ma chambre. Quelle heure était-il ? Je cherchai ma montre sous le lit : midi passé. Mon avion était à 15 heures. Je hurlai au garçon d'étage de se calmer, titubai jusqu'à la porte de la suite.

– Tu peux faire une croix sur ton pourboire, connard…, marmonnai-je en ouvrant la porte.

Je me trouvai face au canon d'une arme. Trois militaires en treillis, le visage recouvert d'un passe-montagne noir, firent irruption dans ma chambre. Deux d'entre eux se déployèrent dans la pièce. Le troisième gardait les yeux sur moi. L'un d'eux ouvrit à la volée la porte de la salle de bains, tandis que l'autre fourrageait avec son arme sous mon lit.

– Il n'y a personne, criai-je en espagnol. Je suis seul ! Je suis un réalisateur français.

– Nous savons qui vous êtes, dit le troisième homme dans un français fortement accentué. Nous avons ordre de vous amener au palais présidentiel au plus vite. Auriez-vous l'amabilité de vous habiller ?

Tout espoir de retrouver leurs corps avait été abandonné, me confia El Jefe comme nous arpentions la plage de long en large. Il pleuvait depuis une demi-heure, et un vent mauvais, venant de la mer, drossait les hors-bord de la marine nationale contre les récifs.

On m'avait fait patienter dans un salon du

palais pendant plusieurs heures, sous bonne escorte, avant de m'amener ici, à mon point de départ, sur la plage, à quelques dizaines de mètres de l'endroit où de La Peña m'avait débarqué la nuit précédente sans répondre à mes questions. Il avait approché le bateau de la jetée et m'avait ordonné de sauter à terre, d'un ton qui ne souffrait pas la contestation.

– Je voudrais vous revoir. Il faut qu'on se parle…

– Vous avez ce que vous étiez venu chercher. Castel Morro n'abrite plus que des spectres, et des souvenirs. Retournez chez vous cultiver votre bonne conscience. Je dois honorer mes morts.

– Je dois vous parler… répétai-je, sans conviction.

Il avait viré de bord, m'ignorant totalement, tout entier voué à sa souffrance. La dernière image que j'emportai de lui, fugitive, fut celle d'un fantôme exsangue penché sur le gouvernail.

Après une longue attente dans le palais présidentiel, pendant laquelle j'avais tout envisagé, et surtout le pire, la torture, la mort…, on m'avait fait remonter en voiture et déposé sur cette plage, où, sous la bruine, El Jefe lui-même était venu m'accueillir. Dès le premier contact, je fus saisi par son charisme, cette aura particulière qui lui tenait lieu de sens politique. J'avais cru aller au supplice, et je me retrouvais marchant côte à côte avec un homme hors du commun, qui agrippait mon bras à certains moments de mon récit comme pour mieux signifier son émotion et sa complicité. El Jefe écouta patiemment tout ce que j'avais à lui raconter, tout ce que le colonel m'avait confié la veille au soir, sans m'interrompre. J'observais ses réactions à la dérobée, et fus surpris de la tristesse qui semblait l'envahir au fur et à mesure de mon récit. Là où de La Peña s'était montré froid, laconique, parfois cassant, El Jefe irradiait l'empathie, la chaleur humaine. Je passai sous silence les accusations du colonel, par respect pour son chagrin, et parce qu'il m'eût semblé malséant d'en faire état à ce moment-là. Lorsque j'eus terminé ma narration, il me révéla en peu de mots ce que j'avais deviné : constatant l'absence du colonel en milieu de matinée, son ordonnance avait téléphoné à la capitainerie du port, et avait appris que le bateau n'était pas rentré. Une vedette militaire avait pris la mer, malgré la houle naissante, et avait filé en direction de Castel Morro. On avait trouvé le bateau amarré au ponton, mais nulle trace du colonel ni de son prédécesseur.

– Mais le corps du colonel Guarneri ?

– Disparu, envolé. Avant que vous ne me rapportiez votre version des faits, j'avais cru qu'il avait choisi de sauter, lui aussi. Mais je vois que c'était un ennemi encore plus coriace que ne le pensait Tiburon.

Nous avancions sans but, marchant pour combattre le froid qui s'insinuait sous nos vêtements. Après un long silence, El Jefe demanda :

– Il vous a parlé de moi ?

Ce n'était pas vraiment une question, plutôt un ordre. Je ne savais comment répondre.

– Il m'a parlé de votre rencontre, de vos années de guérilla…

El Jefe ricana, un rire bref, sans joie :

– Allons, monsieur Andrieu. Vous n'êtes pas venu ici en voyage organisé, mais pour Amnesty. Passez-moi cet aspect… folklorique… des choses. Juan était devenu ouvertement critique ces dernières années à mon égard. Je doute fort qu'il se soit contenté de tresser mes louanges.

– Effectivement. Il a fait part de quelques critiques, de quelques divergences. Il n'avait pas votre vision… réaliste des événements.

– Réaliste…, répéta El Jefe en savourant le mot. Je vois que nous nous comprenons. C'est vraiment dommage, mais Juan et moi, nous nous sommes perdus de vue. Je le considérais comme un ami, presque comme un frère. Mais les hommes qui gagnent les révolutions ne sont pas forcément à même de gouverner un peuple qui désire la paix.

– Il a insisté sur le fait que vous l'aviez toujours protégé…

– C'était mon ami. Et pour le peuple, malgré sa violence, c'était resté un symbole. Le symbole de notre lutte commune.

Le vent redoubla d'intensité. Je dus faire un effort pour relever la tête, faire face à la mer déchaînée en plissant les yeux. Au loin, Castel Morro semblait proche de s'abîmer sous les déferlantes.

– C'est vraiment magnifique..., criai-je pour me faire entendre.

– Oui. Très cinématographique, n'est-ce pas ?

Je me tournai vers El Jefe, pas tout à fait certain d'avoir compris. Il croisa mon regard, et, après un long moment de silence, éclata de rire sous la pluie.

Le tournage prit beaucoup de retard par rapport aux délais prévus. Sous ces latitudes, c'est chose courante. Mais la boîte de production, liée à une compagnie pétrolière américaine, ne regarda pas à la dépense. Et le soutien constant des autorités nous permit de filmer des scènes de foule qu'il aurait été impossible de recréer en studio. *Le Ventre de la bête*, *Belly of the Beast* en version originale, fit un triomphe, aux États-Unis comme en Europe. Les Américains adorèrent les effets spéciaux, la chute du palais du gouverneur Marquès, toutes les scènes de mer avec le requin, que les technologies de pointe rendaient bien plus crédible qu'au temps des *Dents de la mer.* En France, le public fut surtout touché par l'histoire de l'amitié entre deux hommes dissemblables. Je dus gommer certains aspects plus ambigus d'El Jefe, afin de garder une unité de ton à la fin du film. Personne ne s'en aperçut, à part quelques journalistes mal lunés, qui trouvèrent mon film trop hagiographique, « à la limite de la propagande ». Comme à son habitude, Roussille fut mon critique le plus virulent : « Depuis la récupération de Che Guevara en saint laïque, on n'avait pas vu pareil chef-d'œuvre de bondieuserie malhonnête. Andrieu nous livre la vie de ces deux guérilleros sud-américains, dont l'un finira tortionnaire et l'autre dictateur, comme s'il nous narrait la vie du Christ. Lorsqu'on se souvient dans quelles circonstances Stéphane Andrieu débarqua l'an dernier à San Felicio sous le prétexte de réaliser un documentaire pour Amnesty International, on mesure la distance des paroles aux actes. Et on serait curieux de savoir ce que pensent de sa conversion aux lois du marché cinématographique ses amis de naguère, qui défendaient le jeune réalisateur, du temps que celui-ci, en blouson et casquette de rappeur, prônait l'insoumission à toute forme d'autorité. »

Didier n'aima pas mon film, et se fâcha même très fort au téléphone à ce sujet. Il me laissa un message furieux sur le répondeur, parlant de trahison, de reniement, m'accusant de passer sous silence tout ce qui aurait pu ternir l'image d'El Jefe et du régime actuel. Je ne pris pas la peine de lui répondre. Le tournage avait été éprouvant, la postproduction, en Californie, avait été un cauchemar, et Didier, Samia, tous ces gens que j'avais connus avant ce véritable triomphe me semblaient appartenir à une autre vie, un passé trop ancien pour être ravivé. Je ne me sentais pas la vocation d'un archéologue, ni l'envie de me justifier. En juillet de cette année-là, six semaines après la sortie du film, je fis la couverture de *Newsweek*, avec pour accroche

« *Stephane Andrieu, a one man New Wave* » : une Nouvelle Vague à lui tout seul. *Time*, pour ne pas être en reste, me consacra trois pages, comparant le tournage à celui d'*Apocalypse Now*. Conservateurs comme toujours, les journalistes de ce fameux newsmagazine américain regrettèrent quand même à demi-mot que j'aie choisi pour interpréter de La Peña un jeune acteur brésilien inconnu. Le studio, c'est vrai, avait tenté de m'imposer Daniel Radcliffe. Mais j'avais refusé. Question d'intégrité artistique.

Du même auteur à *l'école des loisirs*

Collection MÉDIUM

No pasarán, le jeu (grand format)
No pasarán, endgame (grand format)

No pasarán, le jeu
Andreas, le retour

Tant pis pour le Sud
La citadelle des cauchemars